Tributação internacional
e planejamento
tributário

Central de Qualidade — FGV Management
ouvidoria@fgv.br

SÉRIE DIREITO TRIBUTÁRIO

Tributação internacional e planejamento tributário

Joaquim Falcão
Sérgio Guerra
Rafael Almeida
Organizadores

Copyright © 2016 Joaquim Falcão; Sérgio Guerra; Rafael Almeida

Direitos desta edição reservados à
EDITORA FGV
Rua Jornalista Orlando Dantas, 37
22231-010 | Rio de Janeiro, RJ | Brasil
Tels.: 0800-021-7777 | 21-3799-4427
Fax: 21-3799-4430
editora@fgv.br | pedidoseditora@fgv.br
www.fgv.br/editora

Impresso no Brasil | *Printed in Brazil*

Todos os direitos reservados. A reprodução não autorizada desta publicação, no todo ou em parte, constitui violação do copyright (Lei nº 9.610/98).

Os conceitos emitidos neste livro são de inteira responsabilidade dos autores.

1ª edição — 2016

Preparação de originais: Sandra Frank
Editoração eletrônica: FA Studio
Revisão: Aleidis de Beltran | Paulo Guilbaud
Capa: aspecto:design

Ficha catalográfica elaborada pela
Biblioteca Mario Henrique Simonsen/FGV

Tributação internacional e planejamento tributário / Organizadores: Joaquim Falcão, Sérgio Guerra, Rafael Almeida. — Rio de Janeiro: FGV Editora, 2016.
88 p. — (Direito tributário (FGV Management))

Publicações FGV Management.
Inclui bibliografia.
ISBN: 978-85-225-1809-8

1. Direito tributário. 2. Planejamento tributário. 3. Impostos. I. Falcão, Joaquim, 1943- . II. Guerra, Sérgio, 1964- . III. Almeida, Rafael. IV. Fundação Getulio Vargas. V. FGV Management. VI. Série.

CDD — 341.39

Nossa missão é construir uma Escola de Direito referência no Brasil em carreiras públicas e direito empresarial, formando lideranças para pensar o Brasil no longo prazo e ser referência no ensino e na pesquisa jurídica para auxiliar o desenvolvimento e o avanço do país.

FGV DIREITO RIO

Sumário

Apresentação 9

Introdução 11

1 | Planejamento tributário: conceitos essenciais 13
   Roteiro de estudo 13
   O planejamento fiscal 13
   O combate à elisão abusiva e seus limites 17
   As cláusulas antielisivas no direito comparado 32
   As cláusulas antielisivas no Brasil 40
   A ausência de regulamentação da cláusula geral antielisiva e os limites ao planejamento fiscal 45
   Questões de automonitoramento 50

2 | Tributação internacional: conceitos essenciais 51
   Roteiro de estudo 51
   Objeto 51

      Âmbito de incidência da lei tributária 54
      Tratados internacionais 57
      Concurso de normas e dupla tributação 62
      Blocos econômicos internacionais 65
   Questões de automonitoramento 68

3 | Sugestões de casos geradores 69
   Planejamento tributário: conceitos essenciais (cap. 1) 69
      Caso gerador 69
   Tributação internacional: conceitos essenciais (cap. 2) 70
      Caso gerador 70

Conclusão 73

Referências 75

Organizadores 79

Colaboradores 81

Apresentação

Aliada à credibilidade de mais de meio século de excelência no ensino de economia, administração e de outras disciplinas ligadas à atuação pública e privada, a Escola de Direito do Rio de Janeiro da Fundação Getulio Vargas – FGV Direito Rio – iniciou suas atividades em julho de 2002. A criação dessa nova escola é uma estratégia da FGV para oferecer ao país um novo modelo de ensino jurídico capaz de formar lideranças de destaque na advocacia e nas carreiras públicas.

A FGV Direito Rio desenvolveu um cuidadoso plano pedagógico para seu Programa de Educação Continuada, contemplando cursos de pós-graduação e de extensão. O programa surge como valorosa resposta à crise do ensino jurídico observada no Brasil nas últimas décadas, que se expressa pela incompatibilidade entre as práticas tradicionais de ensino do direito e as demandas de uma sociedade desenvolvida.

Em seu plano, a FGV Direito Rio assume o papel de formar profissionais preparados para atender às reais necessidades e expectativas da sociedade brasileira em tempos de globalização. Seus cursos reforçam o comprometimento da escola em inserir no mercado profissionais de direito capazes de lidar com áreas interdisciplinares, dotados de uma visão ampla das questões jurídicas e com sólidas bases acadêmica e prática.

A Série Direito Tributário é um importante instrumento para difusão do pensamento e do tratamento dado às modernas teses e questões discutidas nas salas de aula dos cursos de MBA e de pós-graduação, focados no direito tributário, desenvolvidos pela FGV Direito Rio.

Dessa forma, esperamos oferecer a estudantes e advogados um material de estudo que possa efetivamente contribuir com seu cotidiano profissional.

Introdução

Este volume dedicado ao estudo de tributação internacional e planejamento tributário tem origem em profunda pesquisa e sistemática consolidação dos materiais de aula acerca de temas que despertam crescente interesse no meio jurídico e reclamam mais atenção dos estudiosos do direito. A intenção da Escola de Direito do Rio de Janeiro da Fundação Getulio Vargas é tratar de questões atuais sobre o tema, aliando a dogmática e a pragmática jurídicas.

A obra trata, de forma didática e clara, dos conceitos e princípios de tributação internacional e planejamento tributário, analisando as questões em face das condições econômicas do desenvolvimento do país e das discussões recentes sobre o processo de reforma do Estado.

O material aqui apresentado abrangerá assuntos relevantes, como:

- planejamento tributário: conceitos essenciais; e
- tributação internacional: conceitos essenciais.

Em conformidade com a metodologia da FGV DIREITO RIO, cada capítulo conta com o estudo de *leading cases* para auxiliar na compreensão dos temas. Com ênfase em casos práticos, pretendemos oferecer uma análise dinâmica e crítica das normas vigentes e sua interpretação.

Esperamos, assim, fornecer o instrumental técnico-jurídico para os profissionais com atuação ou interesse na área, visando fomentar a proposição de soluções criativas para problemas normalmente enfrentados.

1

Planejamento tributário: conceitos essenciais

Roteiro de estudo

O planejamento fiscal

Representando o tributo um dispêndio que reduz o patrimônio do indivíduo, é natural – e este é um fenômeno contemporâneo em relação à cobrança tributária – que o contribuinte busque mecanismos para reduzir o montante a ser entregue ao Estado para o financiamento das prestações públicas. É a chamada economia fiscal que, no entanto, pode ser tolerada pelo sistema ou por ele rechaçada.

O ordenamento jurídico tutela a economia do imposto como uma manifestação da autonomia da vontade e da liberdade de cada indivíduo organizar e planejar sua vida financeira, da forma que melhor lhe aprouver. É assim que ocorre na realização pelo contribuinte de um fato econômico diverso daquele que constituiu o pressuposto tributável. No entanto, essa escolha de outro fato deve ser aceita pelo contribuinte em todas as suas consequências, inclusive as desagradáveis.[1]

É que nenhum direito possui um caráter absoluto, notadamente no estado social e democrático de direito, sendo condicionado seu exercício ao cumprimento da sua função social. Assim, a auto-organização sofre limitações baseadas na necessidade de cada um contribuir para as despesas públicas, de acordo com os valores da justiça, da igualdade e da solidariedade.[2]

Na verdade, não se pode desconsiderar uma leitura constitucional do tema. O direito tributário não ficou infenso às releituras que o direito constitucional infringiu à ordem jurídica como um todo, acentuando que todos devem custear as despesas públicas, dividindo-se os encargos sociais a partir de um debate público.[3]

Relacionar a legitimidade do tributo a um debate público qualificado e à ideia de que todos com capacidade contributiva devam arcar com a tributação leva a mudanças na perspectiva de análise do planejamento tributário. Uma visão extremamente liberal que rechace a tributação como norma de rejeição social é afastada quando se pensa em uma sociedade que quer prestação de direitos pelo Estado e aceita arcar, com a transferência de parte de seu patrimônio, com o custeio dos direitos.

Por óbvio, a economia de opção, que é a escolha que se pode fazer entre realizar ou não o fato gerador de um tributo,[4] não

---

[1] HÖHN, Ernst. Evasão do imposto e tributação segundo os princípios do estado de direito. In: BRANDÃO, Machado (Coord.). *Estudos em homenagem ao prof. Ruy Barbosa Nogueira*. São Paulo: Saraiva, 1984. p. 287.
[2] HUCK, Hermes Marcelo. *Evasão e elisão*: rotas nacionais e internacionais do planejamento tributário. São Paulo: Saraiva, 1997. p. 137.
[3] RIBEIRO, Ricardo Lodi. A constitucionalização do direito tributário. In: SOUZA NETO, Cláudio Pereira de; SARMENTO, Daniel. *A constitucionalização do direito*. Rio de Janeiro: Lumen Juris, 2007. p. 996.
[4] LAPATZA, José Juan Ferreiro. *Curso de derecho español*: instituciones. 25. ed. Madri: Marcial Pons, 2006. p. 132.

foi abandonada pelo direito. Analisando os efeitos tributários de suas condutas futuras, pode um contribuinte, por exemplo, optar pela aquisição de uma casa e de ações, ou pode o contribuinte fazer uma escolha por adquirir ações, sabendo que o ganho de capital não será tributado.

Essa liberdade de escolher o negócio jurídico a praticar, no entanto, não é o mesmo que defender que os efeitos jurídico-tributários da prática de um negócio jurídico possam ser escolhidos pelos contribuintes com ampla autonomia. Deve ser afastada, portanto, a ideia, defendida por boa parte da doutrina tributária, de um planejamento tributário absoluto, pois, segundo Marciano Seabra de Godoi, está calcada em premissas não mais aceitas em um estado democrático de direito:

> [...] o tributo visto como uma agressão ou um castigo que se aceita, mas não se justifica; a segurança jurídica como um valor absoluto; a aplicação mecânica e não valorativa da lei como um mito sagrado; o individualismo e a autonomia da vontade sobrevalorizados e hipertrofiados, como se vivêssemos em pleno século XXI.[5]

De qualquer sorte, há uma tendência em nossa doutrina tradicional à evasão e à elisão fiscal no Brasil, no sentido de se aceitar um sistema baseado em práticas elisivas abusivas, em que a obrigação de pagar tributo pode ser afastada por qualquer conduta que não seja considerada ilícita pelo ordenamento jurídico.

Representativa dessa linha doutrinária no Brasil é a obra de Antônio Roberto Sampaio Dória,[6] em que o autor diferencia

[5] GODOI, Marciano Seabra de. Uma proposta de compreensão e controle dos limites da elisão fiscal no direito brasileiro: estudo de casos. In: YAMASHITA, Douglas (Org.). *Planejamento tributário à luz da jurisprudência.* São Paulo: LEX, 2007. p. 237-288.
[6] DÓRIA, Antônio Roberto Sampaio. *Elisão e evasão fiscal.* 2. ed. São Paulo: Bushatsky, 1977.

a evasão (ilícita) da elisão (lícita), de acordo com o momento em que a ação do contribuinte, para evitar a ocorrência do fato gerador, é realizada. No primeiro caso, o contribuinte pratica o fato gerador, mas por meio de um expediente ilícito, como o da sonegação, da fraude ou da simulação, desvia-se do pagamento do tributo.[7] No segundo, o contribuinte evita a prática do fato gerador, realizando, no entanto, um ato econômico dotado dos mesmos efeitos jurídicos daquele, escapando, assim, à tributação. Para essa corrente, portanto, a atuação do contribuinte, por meio de ato lícito, se traduziria em elisão admitida pelo ordenamento, tendo como resultado a economia do imposto.

Assim, para que o fisco possa desconsiderar a atividade do contribuinte tendente a afastar ou diminuir o montante a ser recolhido, segundo essa corrente, é indispensável que a administração apure a prática de um ato ilícito, na acepção dada pelo direito civil ou pelo direito penal. Dentro dessa linha de argumentação, então, o planejamento fiscal somente será afastado se o contribuinte praticar fraude fiscal, sonegação ou simulação.

Porém, nos últimos anos vem ganhando força, aqui[8] e no exterior, uma corrente doutrinária que preconiza o combate à elisão praticada com abuso de direito. Para essa doutrina, a elisão traduz-se em um instrumento eficaz para a eliminação dos tributos; não pode, entretanto, servir como elemento central da ideia de segurança jurídica no direito tributário de qualquer país, uma

---

[7] A radicalização dessa posição leva à conclusão, exposta por Alberto Xavier, de que a norma tributária não é passível de fraude (XAVIER, Alberto. A evasão fiscal legítima: o negócio jurídico indireto em direito fiscal. *Revista de Direito Público*, São Paulo, ano VI, n. 23, p. 242, jan./mar. 1973).
[8] Entre nós: TORRES, Ricardo Lobo. A chamada "interpretação econômica do direito tributário", a Lei Complementar nº 104 e os limites atuais do planejamento tributário. In: ROCHA, Valdir de Oliveira (Coord.). *O planejamento tributário e a Lei Complementar 104*. São Paulo: Dialética, 2001b. p. 235-244; GRECO, Marco Aurélio. *Planejamento tributário*. São Paulo: Dialética, 2004; RIBEIRO, Ricardo Lodi. *Justiça, interpretação e elisão tributária*. Rio de Janeiro: Lumen Juris, 2003.

vez que, como assinala Klaus Tipke, a "elisão da lei tributária é a ruptura da igualdade da tributação segundo a capacidade contributiva através dos meios formais. Por isso o combate à elisão é tarefa da legislação e da administração".[9] Segundo tal linha de pensamento, a efetividade do princípio da capacidade contributiva depende do combate à elisão, pois, como observa Pedro Herrera Molina,[10] o dever de contribuir de acordo com a capacidade contributiva é uma consequência da consagração desse direito fundamental.

Na esteira dessa linha doutrinária, surge a tendência, decorrente do princípio da transparência, de adoção, por vários países, de medidas tendentes ao combate da elisão abusiva, seja por uma interpretação que se abre aos valores, seja pela adoção das cláusulas antielisivas, pela flexibilização do sigilo bancário e pelo fortalecimento dos direitos dos contribuintes, como contrapartida às novas armas obtidas pela administração tributária.[11]

Desse modo, para a plena eficácia do planejamento tributário nos dias atuais, é necessário o estudo do instituto da elisão abusiva e das cláusulas antielisivas, aqui e alhures, utilizadas pelo fisco para desconsiderar estratégias que há bem pouco tempo eram consideradas lícitas e aceitas.

O combate à elisão abusiva e seus limites

A elisão fiscal abusiva, desde as últimas décadas do século XX, vem sendo atacada, não só por uma nova interpretação no

---

[9] TIPKE, Klaus. *Die Steuerrechtsordnung*, 1993, p. 1332, apud TORRES, Ricardo Lobo. *Normas de interpretação e integração do direito tributário*. 3. ed. Rio de Janeiro: Renovar, 2000. p. 148.
[10] HERRERA MOLINA, Pedro M. *Capacidad económica y sistema fiscal*: análisis del ordenamiento español a la luz del derecho aléman. Barcelona: Marcial Pons, 1998. p. 84.
[11] TORRES, Ricardo Lobo. Princípio da transparência fiscal. *Revista de Direito Tributário*, São Paulo, n. 79, p. 7, 2001a.

direito tributário, realizada a partir da valorização dos princípios da capacidade contributiva e da isonomia, mas também pelo trabalho da doutrina e da jurisprudência, tendo como base a teoria do abuso do direito, há muito utilizada em outros ramos da ciência jurídica.

Ao seu turno, o legislador também não fica indiferente ao combate à elisão abusiva, seja por meio da previsão de fatos geradores supletivos e da estipulação de presunções e ficções, ou pela introdução de cláusulas antielisivas.

Essas cláusulas são instituídas por meio de normas genéricas, aplicáveis a todos os tributos (as chamadas cláusulas gerais antielisivas), ou específicas a determinados tributos (as cláusulas especiais antielisivas).

Não se trata, como destacado por Ricardo Lobo Torres,[12] de assumir uma posição contra ou a favor da elisão, mas sim de procurar estabelecer princípios e normas antielisivas para evitar o abuso do direito no planejamento fiscal, a partir de uma metodologia jurídica capaz de ponderar a segurança jurídica com a justiça.

Assim sendo, o combate à elisão abusiva é fruto da concepção de que o contribuinte tem ampla liberdade para planejar seus negócios, na busca da economia do imposto, desde que não cometa abuso de direito.[13]

---

[12] TORRES, Ricardo Lobo. *Normas de interpretação e integração do direito tributário*, 2000, op. cit., p. 145.

[13] Segundo Ricardo Lobo Torres: "O pluralismo metodológico, fundado na jurisprudência dos valores, dá outro enfoque ao problema da elisão. Parte da consideração de que o contribuinte tem ampla liberdade para planejar os seus negócios na busca do menor imposto, desde que se mantenha nos limites da possibilidade expressiva da letra da lei, ou seja, que não cometa *abuso de direito*. Não pode ultrapassar os limites da razoabilidade, aproveitando-se da zona cinzenta e da indeterminação dos conceitos e ofendendo valores como os da *justiça* e da *segurança jurídica*, e princípios como o da *unidade da ordem jurídica*, da *interação entre o direito tributário e economia*, da *capacidade contributiva e da legalidade democrática do Estado Democrático de Direito*" (ibid., p. 147, grifos no original).

Como se viu, modernamente os direitos não são absolutos, sendo seu exercício limitado a sua função social e econômica. O abuso de direito – há muito presente em outros ramos da ciência jurídica, notadamente no direito constitucional, no direito administrativo, no direito comercial, no direito civil e no direito processual civil, e trazido para o ordenamento tributário para o combate à elisão fiscal – se traduz no exercício de uma atividade que, embora seja formalmente permitida ao agente, está sendo realizada com base em um fim diverso daquele que a norma jurídica tinha em vista quando a tutelou.[14]

São *requisitos do abuso de direito*:

1) o exercício de um direito subjetivo, a partir de um dispositivo previsto estritamente no direito objetivo;
2) o caráter antijurídico desse exercício, revelado pela intenção de causar um dano ou pela inadequação aos fins almejados pelo legislador; e
3) o dano causado a direito de terceiro.

De acordo com Picazo Díez, o abuso de direito representa um limite implícito à autonomia privada, consistente na inadmissibilidade do exercício desta sempre que seu resultado não seja amparado pelo ordenamento jurídico.[15]

No direito tributário, a teoria do abuso de direito passa a incidir a partir do momento em que o contribuinte lança mão

---

[14] DANTAS, San Tiago. *Programa de direito civil*: teoria geral. 3. ed. Rio Janeiro: Forense, 2001. p. 318. Para Fernando Augusto Cunha de Sá, o abuso de direito traduz-se "num ato ilegítimo, consistindo a sua ilegitimidade precisamente num excesso de exercício de um certo e determinado direito subjetivo: hão de ultrapassar os limites que ao mesmo direito são impostos pela boa-fé, pelos bons costumes ou pelo próprio fim social ou econômico do direito exercido" (CUNHA DE SÁ, Fernando Augusto. *Abuso de direito*. Coimbra: Almedina, 1997. p. 103).

[15] DÍEZ, Picazo. El abuso del derecho, [s.d.:216], apud ROSEMBUJ, Túlio. *El fraude de ley, la simulación, y el abuso de las formas en derecho tributario*. 2. ed. Barcelona: Marcial Pons, 1999.

de um negócio jurídico formalmente lícito, não visando, porém, a adequar-se aos efeitos deste, mas tão somente, ou fundamentalmente, à economia do imposto.

Como observa Ernest Höhn,[16] o abuso de direito não ocorre no âmbito do direito tributário, mas no do próprio direito privado, na medida em que o contribuinte, utilizando-se de um negócio jurídico admitido por lei, não atende às finalidades almejadas pelo legislador civil, mas outras, que constituem objeto da hipótese de incidência tributária.

Para a caracterização da elisão abusiva, que deve ser combatida pelo sistema legal, devem estar presentes, conjuntamente, os seguintes requisitos:

1) prática de um ato jurídico, ou um conjunto deles, cuja forma escolhida não se compatibiliza com a finalidade da norma que o ampara, ou com a vontade e os efeitos dos atos praticados esperados pelo contribuinte;
2) intenção, única ou preponderante, de eliminar ou reduzir o montante de tributo devido;
3) identidade ou semelhança de efeitos econômicos entre os atos praticados e o fato gerador do tributo;
4) proteção, ainda que pelo aspecto formal do ordenamento jurídico, à forma escolhida pelo contribuinte para elidir o tributo;
5) forma que represente uma economia fiscal em relação ao ato previsto em lei como hipótese de incidência tributária.

No primeiro requisito, há que se ressaltar a necessidade de harmonia entre a vontade do contribuinte, o objeto negocial e os efeitos que são próprios ao negócio jurídico praticado, com

---

[16] HÖHN, Ernst. "Evasão do imposto e tributação segundo os princípios do estado de direito", 1984, op. cit., p. 298.

a forma jurídica manifestada. Mesmo nos negócios de forma livre, há que se inquirir se seu objeto está adequado à relação jurídica que o contribuinte espera criar, modificar ou extinguir. Analisa-se também se os efeitos por ele esperados são os normalmente obtidos pela fórmula jurídica utilizada e consagrada pela lei. Ausente essa harmonia entre a vontade e a lei que tutela o negócio declarado, este, como sustenta Luís Cabral Moncada, resta ineficaz.[17]

O segundo requisito é revelado pela intenção predominante no negócio jurídico. Se a economia fiscal foi a principal razão para a escolha daquela fórmula, em detrimento da prevista na hipótese de incidência, é possível a utilização da teoria do abuso de direito.

Observe-se, porém, que, ao contrário do que defendiam os seguidores das teorias causalistas da consideração econômica do fato gerador, só há que se falar em elisão abusiva enquanto a economia do imposto for a motivação determinante da conduta, e não uma mera consequência.[18]

Em relação ao terceiro requisito, há que se verificar a similitude entre os efeitos do ato escolhido pelo contribuinte como a cobertura e o fato gerador legal. Caso contrário, não se verifica a situação escolhida pelo legislador como signo de manifestação de riqueza, violando-se o princípio da capacidade contributiva. Nesse caso, temos a economia fiscal eficaz, e não

---

[17] De acordo com o civilista lusitano, a "eficácia se acha fundamentalmente dependente da conformidade ou harmonia entre a vontade na sua manifestação e a lei. É justamente essa conformidade ou harmonia entre vontade e lei que nos deu a noção de ato ou negócio jurídico. Se uma tal conformidade existe, diz-se do ato ou da vontade que eles são juridicamente eficazes e válidos. Se tal conformidade não se dá, diz-se que eles não são válidos ou são ineficazes. A validade e a eficácia de que aqui falamos não são produto exclusivamente da vontade, nem exclusivamente da lei, mas da colaboração das duas na realização do direito" (MONCADA, Luís Cabral. Lições de direito civil. 4. ed. Coimbra: Almedina, 1995. p. 706).
[18] ROSEMBUJ, Túlio. El fraude de ley, la simulación, y el abuso de las formas en derecho tributario, 1999, op. cit., p. 103.

a elisão abusiva. A similitude é da essência da elisão abusiva, uma vez que o contribuinte promove uma analogia às avessas,[19] procurando um fato que tenha os mesmos efeitos econômicos, mas que não seja tributado na mesma proporção, para mascarar a ocorrência do fato gerador.

É essencial também, para a caracterização do abuso de direito – e é nisso em que consiste o quarto requisito –, que a fórmula utilizada pelo contribuinte para ocultar a ocorrência do fato gerador seja, se analisada de *per si*, lícita. Conforme adverte Túlio Rosembuj,[20] citando Cipollina, só há que se falar em elisão fiscal quando os meios jurídicos implicados na configuração do fato imponível se inserem, de forma irreprochável, sob a égide do direito positivo estrito. Caso o contribuinte se utilize da simulação, da sonegação ou da fraude na caracterização do suporte fático, não se fala de elisão, mas de evasão fiscal.

Por último, mas não menos importante, aparece, como quinto requisito, a economia fiscal representada pela diferença a maior entre o pagamento do imposto na forma do fato gerador previsto em lei e o negócio escolhido pelo contribuinte. Sem esse requisito, não há o dano à Fazenda Pública, pressuposto para a aceitação do abuso de direito na teoria geral da ciência jurídica.

Na esteira do que já foi decidido pelo Supremo Tribunal Federal, afastam-se atos do contribuinte que fraudam a lei tributária, frustrando "a aplicação de normas a ele naturalmente aplicáveis".[21]

Repudia-se, às escâncaras, o abuso da forma jurídica, o artificialismo de operações sem substrato material. A jurispru-

---

[19] TORRES, Ricardo Lobo. "A chamada 'interpretação econômica do direito tributário', a Lei Complementar nº 104 e os limites atuais do planejamento tributário", 2001b, op. cit., p. 240.
[20] ROSEMBUJ, Túlio. *El fraude de ley, la simulación, y el abuso de las formas en derecho tributario*, 1999, op. cit.
[21] BRASIL. Supremo Tribunal Federal. Recurso em Mandado de Segurança nº 3.419. Relator: ministro Orosimbo Nonato. Julgamento em 6 de julho de 1956. *DJ*, 17 jun. 1957.

dência administrativa tem afastado a juridicidade de condutas dos contribuintes e operações societárias e contratuais que apenas visem à economia de imposto. Nesse sentido, veja o seguinte acórdão da Primeira Câmara do antigo Conselho de Contribuintes:

> IRPJ – CSL – CONSTITUIÇÃO DE EMPRESA COM ARTIFICIALISMO – DESCONSIDERAÇÃO DOS SERVIÇOS PRETENSAMENTE PRESTADOS – MULTA QUALIFICADA – NECESSIDADE DA RECONSTITUIÇÃO DE EFEITOS VERDADEIROS – Comprovada a impossibilidade fática da prestação de serviços por empresa pertencente aos mesmos sócios, dada a inexistente estrutura operacional, resta caracterizado o artificialismo das operações, cujo objetivo foi reduzir a carga tributária da recorrente mediante a tributação de relevante parcela de seu resultado pelo lucro presumido na pretensa prestadora de serviços. Assim sendo, devem ser desconsideradas as despesas correspondentes. Todavia, se ao engendrar as operações artificiais, a empresa que pretensamente prestou os serviços sofreu tributação, ainda que de tributos diversos, há de se recompor a verdade material, compensando-se todos os tributos já recolhidos.[22]

Elisão praticada com abuso de direito × simulação fiscal

Cumpre destacar que a elisão praticada com abuso de direito não se confunde com a simulação fiscal. De acordo com o § 1º do art. 167 do Código Civil brasileiro (Lei nº 10.406/2002),[23] há simulação nos negócios jurídicos quando:

---

[22] BRASIL. Primeiro Conselho de Contribuintes. Acórdão nº 101-95.208. Relator: conselheiro Mário Junqueira Franco Júnior. Julgado em 19 de outubro de 2005. Recurso nº 139.359. *DOU*, 10 fev. 2006.
[23] Correspondente ao art. 102 do Código Civil de 1916.

1) aparentarem conferir ou transmitir direitos a pessoas diversas daquelas às quais realmente se conferem ou transmitem;
2) contiverem declaração, confissão ou cláusula não verdadeira;
3) os instrumentos particulares forem antedatados, ou pósdatados.

A simulação é absoluta, quando não oculta qualquer outro negócio jurídico; é relativa, quando há um negócio jurídico dissimulado, que as partes procuram ocultar.

Na simulação, segundo Ferrara, há uma divergência, querida e deliberadamente produzida, entre a vontade e sua manifestação; um acordo simulatório entre as partes (ou entre o declarante e o destinatário da declaração); e o intuito de enganar terceiro estranho.[24]

Há que distinguir os *negócios simulados*, que são fictícios, não queridos, frutos de uma ficção negocial, cujo propósito é a ocultação de uma realidade, dos negócios realizados com *abuso de direito*, que são sérios, reais e praticados de tal forma pelas partes para obter um resultado idôneo que vise a burlar uma norma imperativa ou proibitiva. São claramente diferenciados, pois na simulação se cria uma aparência que oculta a realidade, enquanto no abuso de direito, se materializam negócios jurídicos desejados pelas partes, reais em seu conteúdo e execução, mas que, ainda que singularmente lícitos, escondem resultados que a lei buscava atingir e que defluem dos atos efetivamente praticados.[25]

Como se vê, o abuso de direito é obtido por meio da dissimulação dos negócios jurídicos, conceito que abriga não apenas

---

[24] FERRARA, Francisco. *La simulación de los negocios jurídicos*, 1960, p. 55, apud ROSEMBUJ, Túlio. *El fraude de ley, la simulación, y el abuso de las formas en derecho tributario*, 1999, op. cit., p. 48.
[25] ROSEMBUJ, Túlio. *El fraude de ley, la simulación, y el abuso de las formas en derecho tributario*, 1999, op. cit., p. 53.

os atos ilícitos – como o dolo, a fraude e a simulação –, mas todas as condutas que, embora formalmente lícitas, denotem o exercício abusivo do ato, revelado pelo descompasso entre sua motivação econômica, a forma e os efeitos por ele produzidos, com o intuito único, ou preponderante, de obter uma economia de imposto, em violação à isonomia e à capacidade contributiva.

Doutrina: mecanismos para efetivação do abuso de direito

A doutrina cataloga vários mecanismos para a efetivação do abuso de direito, que constitui um gênero composto por diversas espécies: a fraude à lei, o abuso de forma, o abuso da personalidade jurídica das empresas e o descompasso entre a forma jurídica e a intenção econômica.[26]

Embora sejam encontradas na doutrina civilista algumas distinções entre tais figuras, expostas a seguir, não divergem as mesmas num traço fundamental: em todas elas o titular de um direito procura exercê-lo em desacordo com os objetivos que fundamentaram a elaboração da norma, cujo amparo é por ele buscado.

FRAUDE À LEI

De acordo com José Lois Estévez,[27] a *fraude à lei* consiste em mascarar a flagrante antijuridicidade de um suporte fático tipificado, modificando habilidosamente seus vestígios empíricos, para que pareça indiferente ou permitido pelo direito. Como sustenta Franco Gallo, a fraude à lei não se dá só em relação

---

[26] No sentido do texto: TORRES, Ricardo Lobo. *Normas de interpretação e integração do direito tributário*, 2000, op. cit., p. 149.
[27] ESTÉVEZ, José Lois. *Fraude contra derecho*. Madri: Civitas, 2001. p. 188.

às normas proibitivas, mas também em relação às imperativas condicionadas, como as normas tributárias.[28]

Assim, a conceituação de fraude à lei é aplicável ao direito tributário, observando-se apenas que o contribuinte não mascara sua conduta por ela ser antijurídica, mas por gerar o pagamento de tributo.

Para Túlio Rosembuj,[29] a fraude à lei é um ataque direto ao ordenamento jurídico em seu conjunto, mediante a execução de um ato (ou de uma pluralidade deles) que se concretiza ao amparo de uma norma de cobertura, na obtenção de um resultado tipificado pela norma proibitiva ou imperativa, cuja aplicação se pretende evitar.

São requisitos para que seja caracterizada a fraude à lei:[30]

1) os atos devem ser realizados ao amparo do texto de uma norma;
2) os atos realizados ao amparo do texto de uma norma devem perseguir um resultado proibido pelo ordenamento ou contrário a ele (no caso do direito tributário, não há contrariedade ao ordenamento, mas à consequência de pagar tributo);
3) os atos executados em fraude à lei não devem impedir a devida aplicação da norma que se tentou ocultar.

Exemplo de fraude à lei tributária ocorre quando uma grande empresa que, em função do volume de suas receitas, não pode se beneficiar de determinado regime fiscal favorável às pequenas e médias empresas, promove diversas cisões, transformando-se em várias empresas, sem, contudo, descarac-

---

[28] GALLO, Franco. Elisão, economia de imposto e fraude à lei. *Revista de Direito Tributário*, São Paulo, ano 14, n. 52, p. 10, abr./jun. 1990.
[29] ROSEMBUJ, Túlio. *El fraude de ley, la simulación, y el abuso de las formas en derecho tributario*, 1999, op. cit., p. 38.
[30] Ibid., p. 30.

terizar, na realidade, a unidade empresarial. Não há qualquer óbice legal às cisões societárias, mas o contribuinte utiliza-se dessa possibilidade legal para gozar de benefício fiscal a que não faz jus. Assim, sendo a prática abusiva a partir da fraude à lei, tais cisões podem, em tese, ser desconsideradas para os fins de apuração de tributos.

ABUSO DE FORMA

Decorre o *abuso de forma* de previsão contida no Código Tributário alemão de 1919, que autorizava a autoridade administrativa a desconsiderar o abuso no uso das formas jurídicas oriundas do direito privado. Nesse caso, é permitido ao aplicador desenvolver considerações econômicas para a interpretação da lei tributária e para o enquadramento do caso concreto, com base no sentido da lei que transborda da sua literalidade.[31] Segundo Amílcar Falcão, para a aplicação da teoria do abuso de forma, é necessário que o contribuinte se utilize de uma forma jurídica atípica em relação ao fato econômico desejado.

Mas, na verdade, não basta apenas que a escolha da forma seja atípica, como queriam os seguidores das teorias causalistas da consideração econômica do fato gerador. É preciso que a escolha da forma seja abusiva, ou seja, que não haja motivo razoável, além da economia fiscal, para a escolha daquela modalidade negocial. Por outro lado, havendo descompasso nos elementos constitutivos do fato jurídico, pode-se caracterizar o abuso, mesmo diante de uma formulação típica.

A realização do arrendamento mercantil antes da Lei nº 6.099/1974 e da inclusão do item nº 52 da lista de serviços do

---

[31] FALCÃO, Amílcar de Araújo. *Fato gerador da obrigação tributária.* 4. ed. anotada e atual. Geraldo Ataliba. São Paulo: Revista dos Tribunais, 1977. p. 71.

ISS, fixada pela LC nº 56/1987, constituía um exemplo de utilização de um contrato atípico que poderia mascarar a realização de uma compra e venda a prazo, quando o preço do bem fosse quase que inteiramente diluído nas prestações, restando uma parcela insignificante para que o arrendatário exercesse sua opção de compra, ao final do contrato. Hoje, com a tipificação do contrato e de sua tributação pelo ISS, ainda há a possibilidade da elisão abusiva, quando o *leasing* for utilizado como cobertura a uma compra e venda, dada a desproporção entre os valores do "arrendamento" e o preço residual.

Com o exemplo acima, fica clara a grande proximidade entre as figuras da *fraude à lei* e do *abuso de forma*, que muitas vezes se confundem. Poderiam as duas situações ser extremadas pelo critério da atipicidade. É que no abuso de forma, na visão de Amílcar de Araújo Falcão, haveria uma atipicidade na forma do negócio escolhido pelo contribuinte. Já na fraude à lei, havendo, segundo a maioria dos autores,[32] a necessidade de uma norma de cobertura, teríamos outro negócio jurídico tipificado a dissimular o negócio jurídico efetivamente praticado no mundo econômico. No entanto, reconhecemos que nem a atipicidade é requisito indissociável da teoria do abuso de forma, nem a existência de norma de cobertura é essencial à fraude à lei,[33] o que torna praticamente impossível a distinção entre as duas modalidades de abuso de direito, constituindo a primeira uma subespécie da segunda.[34]

---

[32] Por todos: DE LA VEGA, Benayas. Teoría, aplicación, y eficacia en las normas del Código Civil, 1976, p. 232, apud ROSEMBUJ, Túlio. *El fraude de ley, la simulación, y el abuso de las formas en derecho tributario*, 1999, op. cit., p. 41.
[33] Pela desnecessidade de uma norma de cobertura na fraude à lei, manifestam-se: ESTÉVEZ, José Lois. *Fraude contra derecho*, 2001, op. cit., p. 189; RODRIGUES, Silvio. *Direito civil*. 10. ed. São Paulo: Saraiva, 1980. v. 1, p. 222.
[34] Registre-se que o próprio Falcão (*Fato gerador da obrigação tributária*, 1977, op. cit., p. 73) considerava ser o abuso de forma uma modalidade de fraude à lei.

Uso abusivo da personalidade jurídica da empresa

A teoria da desconsideração da personalidade jurídica, ou do *disregard of legal entity*, oriunda dos países da *common law* e utilizada inicialmente no direito privado, autoriza o levantamento do véu da personalidade da empresa a fim de atingir a substância do negócio jurídico praticado pelos sócios. Estes, protegidos pela ficção legal da autonomia da personalidade jurídica da empresa, praticam atos abusivos, fraude e o descumprimento de obrigações contratuais ou legais.

A utilização da teoria da desconsideração da personalidade jurídica das empresas no direito tributário já é uma realidade em vários países, especialmente na Argentina, onde, ao amparo da Lei nº 11.683, a Corte Suprema a vem aplicando.[35]

No entanto, no Brasil, a utilização da teoria ainda esbarra no excesso de formalismo, representado pela ideia de tipicidade fechada, e na exigência de lei expressa autorizando a desconsideração da pessoa jurídica. A despeito da resistência doutrinária, a teoria foi consagrada no art. 135 do Código Tributário Nacional (CTN), que estabelece a responsabilização pessoal dos sócios, administradores, entre outros, nos casos de violação da lei, do contrato social ou de ação com excesso de poderes. Assim, constitui exemplo da teoria do *disregard of legal entity* no direito tributário brasileiro a responsabilização pessoal dos sócios pelos tributos devidos pela sociedade, em caso de sua dissolução irregular, como já é reconhecido pacificamente pelos nossos tribunais.[36]

---

[35] TORRES, Ricardo Lobo. *Normas de interpretação e integração do direito tributário*, 2000, op. cit., p. 154.
[36] BRASIL. Supremo Tribunal Federal. RE nº 110.597/RJ. Relator: ministro Célio Borja. Segunda Turma. Julgamento em 7 de outubro de 1986. *DJU*, 7 nov. 1986, p. 21561.

VÍCIO NA INTENÇÃO NEGOCIAL

Por obra da jurisprudência, em países como os EUA e a Inglaterra, e do legislador, como ocorre na Suécia, no Canadá e na Austrália, desenvolveu-se a possibilidade de caracterizar a elisão abusiva quando o contribuinte, afastando-se de seu propósito negocial, busca obter a economia fiscal. Assim, deve o fisco perquirir o objetivo negocial do ato jurídico apresentado pelo contribuinte: o *business purpose test*.

Tal critério, de fato, que se mostra bastante útil na análise da vontade do contribuinte, indispensável à configuração do abuso de direito, não pode, no entanto, ser o único indício do caráter abusivo da elisão, pois a mera intenção de praticar ato menos oneroso do ponto de vista tributário não gera sua ineficácia perante o fisco, se não estão presentes os outros requisitos da conduta abusiva, como a inadequação entre o negócio jurídico escolhido e a fórmula jurídica adotada.

Sendo o *business purpose test* pressuposto das demais figuras, todos os exemplos acima expostos se prestam a sua exemplificação.

Para a caracterização do abuso de direito não é necessário que o negócio jurídico seja ilícito à luz do direito civil. Assim, não é essencial que tenha sido praticado com dolo, fraude ou simulação, ou que tenha havido sonegação fiscal. O negócio pode ser perfeitamente válido e eficaz para as partes, mas não produzirá os efeitos tributários desejados pelo contribuinte, senão os relativos ao negócio que foi dissimulado. É que o surgimento do fato gerador não depende da licitude, ou forma, ou dos efeitos produzidos pelo ato jurídico, mas da realidade econômica a ele subjacente.[37]

---

[37] CTN, art. 118.

Vale, a esse respeito, trazer o magistério de Amílcar Falcão:

> [...] não é necessário que o ato ou negócio privado em que se consubstancie o fato gerador seja nulo ou anulável. Pelo contrário, pode tratar-se de um ato perfeitamente válido em direito privado, como é o caso dos negócios indiretos, dos negócios fiduciários e dos chamados abusos da forma jurídica (*Missbrauch von Formen und Gestaltungsmöglichkeiten dês bürgelichen Rechts*): a interpretação com vistas à realidade econômica, isto é, a cognominada interpretação econômica terá lugar, para fins tributários.[38]

Assim, é irrelevante, em relação à ocorrência do fato gerador, a discussão entre os civilistas a respeito dos efeitos do ato abusivo,[39] uma vez que sua nulidade não é perquirida por ocasião da desconsideração, pela Fazenda Pública, do ato abusivo praticado com o intuito de afastar o tributo.

De acordo com Nunes de Sá Gomes,[40] tais negócios, "apesar de lícitos já não integram o direito à poupança fiscal, pois podem ser corrigidos pela Administração Fiscal" por meio das cláusulas antielisivas.

Não dependendo o reconhecimento da elisão fiscal da ilicitude dos atos praticados pelo contribuinte, sua consequência será traduzida na obrigação de pagar o tributo e as parcelas

---

[38] FALCÃO, Amílcar. *Fato gerador da obrigação tributária*, 1977, op. cit., p. 84-85.
[39] Para Fernando Augusto Cunha de Sá, o ato abusivo produz os mesmos efeitos que o ato ilícito, ou seja, é passível de nulidade (*Abuso de direito*. Coimbra: Almedina, 1997). No Brasil, Silvio Rodrigues considera que o abuso de direito se enquadra no âmbito dos atos ilícitos, posição que restou consagrada no novo Código Civil Brasileiro, Lei nº 10.406/2002, art. 187 (*Direito civil*, 1980, op. cit.). Já Caio Mário da Silva Pereira extrema o ato ilícito do abuso de direito (*Instituições de direito civil*. 10. ed. Rio de Janeiro: Forense, 1987. v. 1, p. 468).
[40] GOMES, Nuno de Sá. *Evasão fiscal, infracção fiscal e processo penal fiscal*. Lisboa: Rei dos Livros, 2000. p. 78.

oriundas da mora (juros e multa de mora), mas não envolve, por si só, a imputação de sanção por infração formal.[41]

Cumpre destacar que a utilização da teoria do abuso de direito tem servido de suporte teórico não só para o combate à elisão abusiva em países como a Itália, onde o direito positivo não contempla normas gerais antielisivas, mas também como fundamento para a introdução expressa de cláusulas antiabuso em vários países.

As cláusulas antielisivas no direito comparado

As cláusulas antielisivas se traduzem em dispositivos legais que auxiliam o aplicador da lei, no combate à elisão praticada com abuso de direito, a partir da autorização para que seja desconsiderada a forma abusiva adotada pelo contribuinte, na realização do negócio jurídico, caso esta não corresponda à finalidade da lei, à vontade manifestada e aos efeitos normalmente verificados, e objetive, única ou princi-

---

[41] No sentido do texto, é indiscrepante a posição de tributaristas como Túlio Rosembuj (*El fraude de ley, la simulación, y el abuso de las formas en derecho tributario*, 1999, op. cit., p. 103); Nuno de Sá Gomes (*Evasão fiscal, infracção fiscal e processo penal fiscal*, 2000, op. cit., p. 78); Franco Gallo ("Elisão, economia de imposto e fraude à lei", 1990, op. cit., p. 14); Narciso Amorós Rica (*La elusión y la evasión tributaria*: ensayos sobre administración, política y derecho tributario. Buenos Aires: Macchi, 1970. p. 433), em que este autor noticia que, na Espanha, o Real Decreto nº 1.919/1979 veda a aplicação de penalidades em caso de reconhecimento de elisão abusiva. No direito alemão, a consequência do reconhecimento da elisão abusiva também se limita ao pagamento do tributo, sem a imposição de sanções. No entanto, na França, o reconhecimento do abuso de direito gera a imposição de multa no valor de 80% do valor do tributo devido, como informa Rosembuj (*El fraude de ley, la simulación, y el abuso de las formas en derecho tributario*, 1999, op. cit., p. 364, 369). No Brasil, a MP nº 66/2002 prescreve que o procedimento antielisivo não é aplicável em casos de dolo, fraude e simulação, e exclui a imposição de multa de ofício, caso o contribuinte pague o tributo e os encargos moratórios após o julgamento da representação que reconheça o abuso de direito (art. 17, § 2º, da MP nº 66/2002). No entanto, caso o contribuinte não recolha o tributo em 30 dias da notificação dessa decisão, haverá o lançamento do tributo e da multa de ofício (art. 18 da MP nº 66/2002).

palmente, a economia do imposto. Tais regras positivas evitam que o contribuinte, que se insere na realidade econômica do fato imponível, possa evitar o pagamento do tributo pelo uso de uma roupagem jurídica diferente daquela definida em lei como hipótese de incidência.

A justificação da norma antielisiva, que repousa na própria atividade abusiva do contribuinte, como leciona Ricardo Lobo Torres, assim se expressa:

> A elisão, como lembra Paul Kierchhof, é sempre uma subsunção malograda (*ein fehlgeschlagener Subsuntionsversuch*), donde se segue que o combate ao abuso de direito, que implica analogia disfarçada por parte do contribuinte, terá sempre o aspecto da contra-analogia. A subsunção malograda e a analogia forçada pelo contribuinte postulam, em nome da igualdade, a norma geral antielisiva e contra-analógica.[42]

Portanto, para a caracterização do abuso de direito, como já vimos, não se leva em consideração apenas a identidade de efeitos entre a hipótese de incidência e a conduta do contribuinte, como queriam os defensores radicais da teoria causalista da interpretação econômica do fato gerador. Por outro lado, para configurá-lo, também não há necessidade, como exigem os formalistas, de que o ato jurídico praticado pelo contribuinte seja ilícito, vício que atinge o ato no plano de sua validade. Basta que não haja conexão entre o motivo econômico e os efeitos produzidos pelo ato, e a finalidade adotada pelo legislador ao tutelar aquela situação jurídica, a partir do seu exercício abusivo,

---

[42] TORRES, Ricardo Lobo. "A chamada 'interpretação econômica do direito tributário', a Lei Complementar nº 104 e os limites atuais do planejamento tributário", 2001b, op. cit., p. 240.

com vistas à economia fiscal. O fenômeno não é de licitude do ato, mas sim de sua eficácia perante o fisco.[43]

Nas últimas décadas do século XX, diversos países desenvolvidos introduziram, em seus ordenamentos, em cumprimento ao princípio da transparência fiscal, normas tendentes a evitar o abuso de direito pelo contribuinte em sua atividade de planejamento fiscal. Tais normas – a despeito de suas distinções – refletem muito mais peculiaridades da evolução da ciência jurídica em cada país do que propriamente diferenças substanciais de método, já que se baseiam na teoria do abuso de direito e espelham as várias espécies pelas quais ele se manifesta.

Na Alemanha, onde desde o Código Tributário de 1919 (art. 10) já se prescrevia que a obrigação tributária não poderia ser evitada ou diminuída mediante o abuso de formas e das possibilidades oferecidas pelo direito civil, a elisão abusiva é combatida pela teoria do abuso de forma. Segundo a doutrina alemã, na esteira de Hensel, o abuso de forma é a manifestação no direito tributário da teoria da fraude à lei.[44] Tal situação não restou alterada pela promulgação do novo código tributário, em 1977, que em seu art. 42 consagrou a teoria do abuso de forma. Para Hensel, na configuração do abuso de forma devem ser observadas as circunstâncias objetivas, representadas pela anormalidade no exercício do negócio jurídico e pela ausência de interesse legítimo a ampará-lo, e as subjetivas, vinculadas à vontade de eliminar ou reduzir o montante devido.[45] No entanto, parte da doutrina alemã[46] considera tal cláusula dispensável,

---

[43] GRECO, Marco Aurélio. *Planejamento fiscal e a interpretação da lei tributária*. São Paulo: Dialética, 1998. p. 76-78.
[44] ROSEMBUJ, Túlio. *El fraude de ley, la simulación, y el abuso de las formas en derecho tributario*, 1999, op. cit., p. 370.
[45] Ibid.
[46] TIPKE e LEHNER apud TORRES, Ricardo Lobo. *Normas de interpretação e integração do direito tributário*, 2000, op. cit., p. 151.

uma vez que tal providência, fundada na fraude à lei, não é peculiaridade do direito tributário, sendo uma decorrência dos próprios princípios gerais do direito.

Por sua vez, a Espanha adotou, no combate à elisão abusiva, a teoria da fraude à lei, no art. 24 da Ley General Tributaria (LGT), com redação dada pela Ley 25/1995, que permite a desconsideração de fatos, atos ou negócios jurídicos realizados com o propósito de evitar o pagamento do tributo, amparando-se no texto de normas estabelecidas com finalidade diversa, sempre que venham a produzir um resultado equivalente ao derivado da hipótese de incidência tributária. Recorde-se que a LGT admite o uso da analogia no combate à fraude da lei fiscal, o que tem gerado certo inconformismo de uma parcela, ainda que minoritária, da doutrina espanhola.[47]

Também adota a teoria da *fraude à lei*, como mecanismo de combate à elisão abusiva, a Holanda, que, por meio do art. 31 do Código de Impostos, coibiu a *fraus legis*.[48]

Portugal, que não possuía cláusula geral antielisiva, introduziu, por meio da Lei nº 100, de 1999, um item 2 ao art. 38 da Lei Geral Tributária, consagrando igualmente uma norma de combate à fraude à lei.[49]

De outro lado, a França adotou a repressão ao abuso de direito enquanto gênero, no art. 64 do Livre des Procedures Fiscales (LPF), vedando que sejam opostos à administração fiscal atos que dissimulem a verdadeira compreensão de um contrato ou de uma convenção. Com a desconsideração, cabe ao fisco requalificar os atos, conforme a previsão contida na hipótese de incidência. A doutrina francesa, seguindo a orientação fixada

---

[47] BUJANDA, Sainz de. *Hacienda y derecho*. Madri: Instituto de Estudios Politicos, 1963.
[48] ROSEMBUJ, Túlio. *El fraude de ley, la simulación, y el abuso de las formas en derecho tributario*, 1999, op. cit., p. 363.
[49] GOMES, Nuno de Sá. *Evasão fiscal, infracção fiscal e processo penal fiscal*, 2000, op. cit., p. 77.

pelo Conselho de Estado a partir de 1981, considera que a expressão *dissimulação*, utilizada pelo art. 64 do LPF, é bem ampla, abarcando não só os casos de evasão fiscal, mas também todas as modalidades do abuso de direito.[50]

A mesma sistemática foi adotada pela Bélgica, onde, em 1993, foi introduzida cláusula antielisiva genérica, de inspiração francesa, coibindo o abuso de direito e desafiando a tradição formalista do direito tributário belga.[51]

A despeito da inexistência de norma antielisiva genérica, a Suíça, por influência da doutrina de Blumenstein, também aplica a doutrina do *abuso de direito*.[52] Segundo Ernest Höhn,[53] o Tribunal Federal suíço exige, para a configuração da elisão abusiva, que a forma jurídica do ato se mostre inadequada para a operação econômica; que a escolha do negócio tenha se dado apenas em razão da economia do imposto; e que o procedimento escolhido represente uma *considerável* economia da exação.

Na Itália, também não há cláusula antielisiva geral, mas apenas regras específicas para determinados tributos. Não obstante, a doutrina majoritária defende o combate à elisão abusiva, a partir da teoria da fraude à lei, extraída do art. 1.344 do Código Civil italiano, como sustenta Franco Gallo.[54]

O caso italiano é relevante por dois aspectos. Por um prisma geral, é curioso que um país de tradição de *civil law* não tenha instituído, positivamente, uma norma jurídica com uma cláusula

---

[50] ROSEMBUJ, Túlio. *El fraude de ley, la simulación, y el abuso de las formas en derecho tributario*, 1999, op. cit., p. 367; TORRES, Ricardo Lobo. "A chamada 'interpretação econômica do direito tributário', a Lei Complementar nº 104 e os limites atuais do planejamento tributário", 2001b, op. cit., p. 243, nota 30.
[51] ROSEMBUJ, Túlio. *El fraude de ley, la simulación, y el abuso de las formas en derecho tributario*, 1999, op. cit., p. 376.
[52] Ibid., p. 377.
[53] HÖHN, Ernst. "Evasão do imposto e tributação segundo os princípios do estado de direito", 1984, op. cit., p. 285.
[54] GALLO, Franco. "Elisão, economia de imposto e fraude à lei", 1990, op. cit., p. 9.

geral antielisiva, o que, transportado para o caso brasileiro, serve para desconstruir opiniões doutrinárias que colocariam a possibilidade de o fisco timbrar de antielisivas algumas condutas apenas se houver norma expressa nesse sentido. Por um prisma mais específico, é interessante que naquele país tenha se convencionado extrair a cláusula geral antielisiva da própria Constituição.

Assim, entende-se que qualquer negócio empresarial ou decisão econômica tomada com o propósito único ou principal de reduzir a carga tributária é uma violação do dever de solidariedade, que se traduz na capacidade e na obrigação de todos pagarem (o montante correto) tributos.[55]

Na Inglaterra e nos Estados Unidos, países do sistema da *common law*, o combate à elisão abusiva se faz por meio de construção pretoriana da teoria da intenção negocial. Porém, se os dois sistemas apresentam bastante semelhança, possuem também suas distinções. No sistema inglês, a partir das posições liberais de Lord Tomlin, predominava a ampla possibilidade da elisão fiscal lícita (*tax avoidance*), punindo-se apenas a ilícita (*tax evasion*). Houve, no entanto, uma grande virada, na década de 1980, com a prolação de decisões judiciais que, baseadas na doutrina francesa do abuso do direito, constituíram relevante instrumento de luta contra a elisão abusiva.[56]

Já nos Estados Unidos predomina a teoria do *business purpose test*, com o exame, pela administração fiscal, da inten-

---

[55] Exemplificativa da jurisprudência italiana é a Sentenza nº 30.055/2008 da Corte di Cassazione italiana: "A fonte de um princípio geral antielusivo, dentro do tema de tributos não harmonizados, tais como os impostos diretos, pode ser encontrada nos mesmos princípios constitucionais que informam o ordenamento tributário italiano. Na verdade, os princípios de capacidade contributiva (art. 53, primeiro parágrafo, da Constituição) e da tributação progressiva (art. 53, segundo parágrafo, da Constituição) fundamentam ambas as regras fiscais, a rigor, tanto daquelas que atribuem ao contribuinte vantagens ou benefícios de qualquer espécie quanto dessas últimas regras que, obviamente, visam a uma plena implementação desses princípios" (trad. livre).
[56] HUCK, Hermes Marcelo. *Evasão e elisão*, 1997, op. cit., p. 197.

ção negocial do contribuinte. Assim, se os negócios jurídicos carecem de motivação econômica, senão à economia fiscal, pode haver a requalificação pela Fazenda Pública. No sistema norte-americano privilegia-se, por um lado, a realidade econômica sobre a fórmula jurídica adotada; por outro, procura-se respeitar a conservação dos contratos, em cumprimento ao princípio da legalidade.[57]

A partir de famoso caso julgado pela Suprema Corte norte-americana, em 1935, conhecido como case Gregory v. Helvering, firmaram-se as doutrinas do propósito negocial (*business purpose*) e da substância sobre a forma (*substance over form*).

Segundo Arnaldo Sampaio de Godoy,[58] julgou-se interessante caso. Evelyn Gregory detinha todas as ações de uma empresa chamada United Mortgage Corporation que, por sua vez, detinha 1.000 ações de uma outra empresa, Monitor Securities Corporation. A sra. Gregory criou uma terceira empresa, Averril Corporation, transferindo, três dias depois, as 1.000 ações da Monitor para a Averril. Ato contínuo, ela dissolveu a Averril, liquidando os ativos dessa nova empresa, transferindo-os para si mesma e, em seguida, alienou a terceiro as ações da Monitor, por cerca de US$ 133 mil.

Tais operações foram feitas com base na legislação do imposto de renda vigente à época, pela qual se excluíam da base de cálculo os resultados decorrentes de transações de ações que resultavam de reorganização de empresas. A sra. Gregory agiu com nítido propósito de diminuir o impacto tributário dos negócios que fizera.

---

[57] ROSEMBUJ, Túlio. *El fraude de ley, la simulación, y el abuso de las formas en derecho tributario*, 1999, op. cit., p. 385.
[58] GODOY, Arnaldo Sampaio de. *Interpretação econômica do direito tributário*: o caso Gregory v. Helvering e as doutrinas do propósito negocial (*business purpose*) e da substância sobre a forma (*substance over form*). Disponível em: <www.arnaldogodoy.adv.br/artigos/direitotribu.htm#_ftn1>. Acesso em: 28 jul. 2015.

Se, pelo prisma formal, nada se poderia apontar contra as operações, a verdade é que a legislação do imposto de renda visava a restringir a pretensão fiscalista do Estado em prol de objetivos eminentemente liberais, de modo que o ganho de capital advindo de simples reorganização societária não deveria ser tributado. Para a Corte americana, porém:

> A regra que exclui de consideração o motivo da elisão fiscal não guarda pertinência com a situação presente, porquanto a transação em sua essência não é alcançada pela intenção pura da lei. Sustentar-se de outro modo seria uma exaltação do artifício em desfavor da realidade, bem como se retirar da previsão legal em questão qualquer propósito mais sério. É mantido o julgamento de segunda instância.[59]

A teoria da intenção negocial foi introduzida por obra do próprio legislador na Suécia, na Austrália e no Canadá.[60]

Na Argentina, a elisão abusiva é combatida a partir da interpretação econômica do fato gerador, admitida pelo art. 1º da Lei nº 11.683/1932,[61] com todo o tempero que o princípio da legalidade e a superação histórica das ideias causalistas exigem. O art. 2º da mesma lei consagra a teoria da *desconsideração da personalidade jurídica da empresa*, traduzindo-se numa verdadeira cláusula antielisiva, baseada no *abuso de direito*.[62]

Todos esses países, cada um por seu meio, e de acordo com sua tradição jurídica, modificaram suas legislações ou consolidaram o trabalho profícuo da doutrina e da jurisprudência, no

---

[59] Ibid.
[60] TORRES, Ricardo Lobo. *Normas de interpretação e integração do direito tributário*, 2000, op. cit., p. 160-161.
[61] HUCK, Hermes Marcelo. *Evasão e elisão*, 1997, op. cit., p. 215.
[62] TORRES, Ricardo Lobo. *Normas de interpretação e integração do direito tributário*, 2000, op. cit., p. 17.

sentido de impedir o abuso de direito na atividade do contribuinte, tendente a afastar ou reduzir o pagamento do tributo, por meio da prática de um negócio jurídico que, a despeito de sua aparente não incidência, reflete a substância econômica inserida na norma legal como fato tributável, permitindo à administração fiscal que os atos sejam requalificados e tributados, de acordo com a previsão legal.

As cláusulas antielisivas no Brasil

Ao seu turno, o Brasil, em que pese todo o formalismo da sua doutrina tributária, não restou incólume a essa onda moralizadora, introduzindo, pela Lei Complementar nº 104, de 10 de janeiro de 2001, um parágrafo único ao art. 116 do CTN, que consagrou uma cláusula geral antielisiva, inspirada na sistemática francesa, baseada na teoria do abuso de direito.[63]

No Brasil, desde a década de 1980, vinham sendo introduzidas cláusulas antielisivas específicas na legislação do imposto de renda, como a Lei nº 7.450/1985 e a Lei nº 9.430/1996. Porém só em 2001 surgiu uma norma geral antielisiva, insculpida no parágrafo único do art. 116 do CTN.

Como já vimos, a norma em questão, baseada na cláusula geral francesa, combate o abuso de direito em todas as suas modalidades, como a fraude à lei, o abuso de forma, o abuso na intenção negocial e o abuso no uso da personalidade jurídica da empresa.[64]

---

[63] CTN: "Art. 116. [...] Parágrafo único. A autoridade administrativa poderá desconsiderar atos ou negócios jurídicos com a finalidade de dissimular a ocorrência do fato gerador do tributo ou a natureza dos elementos constitutivos da obrigação tributária, observados os procedimentos a serem estabelecidos em lei ordinária".

[64] TORRES, Ricardo Lobo. "A chamada 'interpretação econômica do direito tributário', a Lei Complementar nº 104 e os limites atuais do planejamento tributário", 2001b, op. cit., p. 243; GRECO, Marco Aurélio. Constitucionalidade do parágrafo único do artigo 116 do CTN. In: ROCHA, Valdir de Oliveira (Coord.). *O planejamento tributário e a Lei*

É que o vocábulo dissimulação engloba também condutas como encobrir, ocultar, disfarçar ou atenuar os efeitos de algum fato, em fazer parecer real o que não é – traduzindo-se na expressão verbal do abuso de direito. Possui, portanto, tal palavra, um sentido bem mais amplo do que o de simulação contido no art. 102 do Código Civil de 1916.

Por isso, não assiste razão àqueles que veem no parágrafo único do art. 116 do CTN uma inócua cláusula de combate à evasão fiscal, ideia que parte da confusão entre os conceitos de simulação e dissimulação.[65]

Contudo, o dispositivo em tela, a despeito de sua recente introdução no ordenamento, já foi alvo de uma série de críticas da doutrina positivista formalista, que considera ser inconstitucional a adoção de cláusula antielisiva no Brasil, em razão do princípio da legalidade.[66]

No entanto, os princípios da legalidade e da tipicidade não são exclusividades da Constituição brasileira.[67] Todos os países

---

Complementar 104. São Paulo: Dialética, 2001. p. 195; ROLIM, João Dácio. Considerações sobre a norma geral antielisiva introduzida pela Lei Complementar 104/2001. In: ROCHA, Valdir de Oliveira (Coord.). *O planejamento tributário e a Lei Complementar 104*. São Paulo: Dialética, 2001. p. 135.

[65] Em sentido contrário ao do texto, entendendo o dispositivo como uma norma antievasão: TROIANELLI, Gabriel Lacerda. O parágrafo único do artigo 116 do Código Tributário Nacional como limitador do poder na administração. In: ROCHA, Valdir de Oliveira (Coord.). *O planejamento tributário e a Lei Complementar 104*. São Paulo: Dialética, 2001. p. 102.

[66] Entre outros: MARTINS, Ives Gandra da Silva. Norma antielisão é incompatível com o sistema constitucional brasileiro. In: ROCHA, Valdir de Oliveira (Coord.). *O planejamento tributário e a Lei Complementar 104*. São Paulo: Dialética, 2001. p. 123; MACHADO, Hugo de Brito. A norma antielisão e o princípio da legalidade: análise crítica do parágrafo único do art. 116 do CTN. In: ROCHA, Valdir de Oliveira (Coord.). *O planejamento tributário e a Lei Complementar 104*. São Paulo: Dialética, 2001. p. 115; COÊLHO, Sacha Calmon Navarro. Os limites atuais do planejamento tributário. In: ROCHA, Valdir de Oliveira (Coord.). *O planejamento tributário e a Lei Complementar 104*. São Paulo: Dialética, 2001. p. 304.

[67] Sobre o tema do princípio da legalidade no Brasil e no direito comparado, vide: RIBEIRO, Ricardo Lodi. *A segurança jurídica do contribuinte*: legalidade, não surpresa e proteção à confiança legítima. Rio de Janeiro: Lumen Juris, 2008. cap. 6.

que adotaram as cláusulas antielisivas também consagram a legalidade tributária. Negar a possibilidade constitucional da adoção de cláusulas antielisivas constitui muito mais uma simplificação mistificadora do que, propriamente, o resultado de uma construção científica no direito tributário.

Na verdade, a introdução da cláusula antielisiva em nosso ordenamento é fruto da aplicação do valor da segurança jurídica em conjunto com o da justiça. A segurança jurídica revela-se pela certeza da aplicabilidade das regras e efetiva-se pelo princípio da legalidade, dentro da perspectiva de que a obrigação tributária é *ex lege*, não resultando da vontade das partes. Assim, não é lícito ao contribuinte que pratica o fato econômico identificado pelo legislador como indicador de capacidade contributiva, se livrar do pagamento do tributo por meio do abuso no exercício de seu direito.

Portanto, torna-se fácil constatar que a norma antielisiva não viola o princípio da legalidade, mas visa, antes de qualquer coisa, a garantir o império da lei.

Também não prospera, pelas razões já apresentadas no decorrer deste estudo, o argumento daqueles que enxergam na cláusula geral brasileira um recurso à analogia. Vimos que o combate à elisão não se confunde com a analogia, uma vez que, naquele caso, inocorre a aplicação de uma lei ao fato por ela não previsto, mas sim a subsunção da própria lei tributária, cuja aplicabilidade ao caso foi ocultada pelo contribuinte.

A essas críticas, Marco Aurélio Greco responde que a norma geral antielisiva, prevista no art. 116 do CTN, apenas explicita algo "que já decorre do ordenamento jurídico, ou seja, não há proteção a condutas que visem a neutralizar a eficácia ou a imperatividade de seus preceitos".[68]

---

[68] GRECO, Marco Aurélio. Perspectivas teóricas do debate sobre planejamento tributário. *Revista Fórum de Direito Tributário*, Belo Horizonte, ano 7, n. 42, p. 9-42, 2009.

Indaga-se ainda se a aplicação da cláusula antielisiva é automática ou vai depender da introdução da lei ordinária, que estabelecerá os procedimentos a serem observados pela fiscalização. No caso, há que se considerar que, ocorrendo o fato gerador, que é, no entanto, escamoteado por expedientes abusivos do contribuinte, é imperiosa a tributação com base no ato dissimulado, independentemente da lei ordinária prevista no parágrafo único do art. 116 do CTN, que deverá regular, por meio de procedimentos a serem adotados, a forma pela qual a autoridade irá afastar a dissimulação.

Afinal, conforme vimos no estudo do combate à elisão no direito comparado, a aplicação da teoria do abuso de direito à elisão fiscal não prescinde de um dispositivo explícito, derivando dos princípios gerais do direito civil, como os da proibição do abuso e da boa-fé, e dos princípios constitucionais tributários da legalidade, da igualdade e da capacidade contributiva.

Embora a introdução da norma no direito brasileiro não seja supérflua, especialmente numa cultura extremamente formalista, na qual a eficácia dos valores e princípios está condicionada à sua previsão pelo legislador, por meio de regras – e até muito pelo contrário, uma vez que a administração tributária foi dotada de importante arcabouço legislativo para coibir o planejamento fiscal abusivo –, é forçoso reconhecer que o combate a este não depende da regulamentação da lei.[69]

Registre-se que o dispositivo em tela constitui o típico caso de norma de eficácia contida, de aplicabilidade imediata e direta, na clássica definição de José Afonso Silva,[70] também aplicável aos dispositivos de lei complementar.

---

[69] Em sentido contrário ao do texto: GRECO, Marco Aurélio. "Constitucionalidade do parágrafo único do artigo 116 do CTN", 2001, op. cit., p. 202.
[70] SILVA, José Afonso. Aplicabilidade das normas constitucionais. 3. ed. São Paulo: Malheiros, 1998. p. 116.

A função da referida lei ordinária é a de estabelecer um procedimento para a desconsideração do ato praticado pelo contribuinte e sua requalificação, pressupostos para a tributação, conforme a previsão legal contida na hipótese de incidência.

É conveniente que tal procedimento, a exemplo do modelo francês, seja efetivado por um órgão colegiado, composto por representantes dos contribuintes, do fisco e de pessoas de notório saber na área do direito tributário,[71] a fim de que os interesses do contribuinte sejam resguardados com a ponderação ideal entre segurança jurídica e capacidade contributiva.

Na falta de regulamentação, e observe-se que cada entidade federativa tem competência para fazê-lo em relação a seus próprios tributos, a desconsideração é promovida pela autoridade lançadora, uma vez que é pelo procedimento do lançamento que se identifica a ocorrência do fato gerador. Se este se encontra dissimulado, será por meio do lançamento que se dará sua revelação.

Quanto ao ônus da prova dos atos abusivos, deve-se destacar que o ato da autoridade administrativa lançadora, ou de outra autoridade ou órgão a que a lei venha a atribuir competência para a desconsideração da prática abusiva, deverá demonstrar, fundamentadamente, o abuso, garantindo ao contribuinte, em respeito ao contraditório e à ampla defesa, oportunidade para responder à acusação, seja no âmbito do processo administrativo fiscal, pela impugnação ao lançamento, seja em sede de procedimento preparatório, definido pela lei reguladora da cláusula

---

[71] Na França, a desconsideração é efetuada pelo Comitê Consultivo, composto por quatro membros: um conselheiro de Estado, um conselheiro da Corte de Cassação, um professor de direito financeiro e o diretor-geral de impostos. O parecer do comitê, embora não seja vinculante à administração, vai determinar a quem cabe o ônus da prova. Caso o comitê opine pela desconsideração, caberá ao contribuinte provar que o ato foi regular. No entanto, se o parecer for em sentido diverso, restará ao fisco demonstrar a ocorrência das práticas abusivas (ROSEMBUJ, Túlio. *El fraude de ley, la simulación, y el abuso de las formas en derecho tributario*, 1999, op. cit., p. 210).

antielisiva genérica. A autoridade julgadora na esfera administrativa, de acordo com o princípio da verdade material, conhecerá amplamente da matéria fática em todos os seus aspectos, independentemente de alegação por parte do contribuinte e das autoridades fiscais, uma vez que sua obrigação não se prende à discussão materializada nos autos, mas à fixação do montante tributável previsto em lei.[72]

A ausência de regulamentação da cláusula geral antielisiva e os limites ao planejamento fiscal

Com a edição da Lei Complementar nº 104/2001, que introduziu em nosso ordenamento jurídico a cláusula geral antielisiva no parágrafo único do art. 116 do CTN, a maior parte da doutrina procurou desqualificar a adoção da nova medida como violadora da legalidade tributária,[73] o que acabou resultando na rejeição, pelo Congresso Nacional, da MP nº 66, que pretendia regulamentar a medida. Porém, a despeito da sua não regulamentação, é forçoso reconhecer que a prática da elisão abusiva já não vem mais sendo tolerada pela jurisprudência administrativa brasileira.

É que os debates doutrinários com a edição da LC nº 104/2001 revelaram não ser mais possível admitir a adoção de práticas abusivas na elisão fiscal, sob o manto de uma legalidade que se restringia ao plano formal.

No entanto, a ausência de regulamentação da lei complementar deixou o contribuinte sem a garantia de um procedimento prévio ao lançamento que pudesse ser marcado pelo contra-

---

[72] SEIXAS FILHO, Aurélio Pitanga. *Princípios fundamentais do direito administrativo tributário*: a função fiscal. 2. ed. Rio de Janeiro: Forense, 2000. p. 46.
[73] Vide nota 60. Para o estudo das várias posições doutrinárias sobre a introdução do instrumento em nosso direito tributário, vide: RIBEIRO, Ricardo Lodi. *Justiça, interpretação e elisão tributária*, 2003, op. cit., p. 162-170.

ditório e pela ampla defesa, a fim de promover uma discussão sobre a natureza abusiva ou não da conduta do contribuinte, e que pudesse ser decidido por outra autoridade que não aquela encarregada de efetuar o lançamento.

Com a introdução da cláusula antielisiva e a rejeição parlamentar da regulamentação, as autoridades fiscais passaram a combater o abuso de direito sob o pálio da simulação. Assim, a exemplo do que ocorrera na Espanha, o fisco passou a não mais ter interesse na regulamentação da cláusula antielisiva, pois passou a combater a elisão abusiva pelos mecanismos normais da ilicitude, no âmbito do procedimento do lançamento.

Tal posicionamento encontra amparo na doutrina de Marco Aurélio Greco.[74] Segundo o referido autor, com a identificação promovida pelo Código Civil de 2002, entre os efeitos do abuso de direito e do ato ilícito (art. 187), a conduta abusiva praticada pelo contribuinte é eivada de ilicitude, estando, portanto, no campo da evasão fiscal. De acordo com esse raciocínio, não haveria necessidade de aplicação da cláusula antielisiva para combater a elisão abusiva. Assim, a regulamentação do parágrafo único do art. 116 do CTN seria destinada para a desconsideração de atos praticados sem abuso de direito ou ilicitude, mas que fossem atentatórios aos princípios da capacidade contributiva e da igualdade.

Porém, consideramos que o Código Civil em vigor, embora tenha promovido a igualdade entre o ato abusivo e o ato ilícito quanto aos efeitos, uma vez que nos dois casos seu reconhecimento levará a invalidade do ato, não esvaziou a necessidade de distinguir os dois institutos. É que persiste a diferença entre eles quanto aos requisitos para sua configuração, uma vez que ainda é possível reconhecer que um ato formalmente abrigado

---

[74] GRECO, Marco Aurélio. *Planejamento tributário*, 2004, op. cit., p. 450.

por uma lei, embora não possa ser considerado ilícito, possa ser considerado atentatório ao direito como um todo.[75] Assim, a contrariedade ao ordenamento jurídico, requisito indispensável para a configuração do ato ilícito, continua sendo inexigível em relação ao reconhecimento do abuso de direito.

Desse modo, a cláusula geral antielisiva ainda se dirige contra o abuso de direito. Aliás, se não há ilicitude ou abuso de direito, o ordenamento jurídico não tem como admitir a desconsideração do ato praticado pelo contribuinte com base na capacidade contributiva considerada fora das possibilidades oferecidas pela literalidade do texto da lei, pois não há que se confundir a consideração econômica do fato gerador com a teoria da interpretação econômica do fato gerador.[76] Procurar a tributação fora dos sentidos oferecidos pela lei, apenas buscando a identidade dos efeitos econômicos entre o ato praticado pelo contribuinte e a hipótese de incidência tributária é, afastando-se da moderna doutrina pós-positivista, retornar à teoria da interpretação econômica do fato gerador, tão cara aos causalistas da primeira metade do século XX, mas rejeitada nos dias atuais, mesmo nos regimes que não adotam a teoria da tipicidade fechada.

Porém, deve-se advertir que, com ou sem aplicação da cláusula antielisiva, a desconsideração dos negócios praticados pelo contribuinte só pode se dar, de forma cumulativa, se atendidos os requisitos para o reconhecimento da elisão abusiva, conforme acima exposto, sob pena de a tributação violar os princípios da capacidade contributiva e da legalidade, pela extrapolação da regra de incidência estabelecida pelo legislador.

---

[75] Sobre a necessidade de adequação do direito para além da legalidade, que resta superada pela ideia de juridicidade, vide: RIBEIRO, Ricardo Lodi. *A segurança jurídica do contribuinte*, 2008, op. cit., cap. 4.

[76] Sobre a distinção entre consideração econômica do fato gerador e interpretação econômica do fato gerador, vide: RIBEIRO, Ricardo Lodi. *Justiça, interpretação e elisão tributária*, 2003, op. cit., p. 119-120.

Como é comum aos momentos de transição, a passagem de um modelo tributário alicerçado na tipicidade fechada e no amplo espaço para qualquer elisão que não se escorrace na prática de um ato ilícito, para um sistema aberto onde é possível a desconsideração do ato praticado com abuso de direito, a partir da dissimulação do fato gerador por um ato que não se traduza necessariamente em sonegação, fraude ou simulação, não se fez sem exageros por parte dos aplicadores do direito. Esses exageros muito se devem à insistência da doutrina formalista em recusar qualquer mecanismo de combate à elisão tributária, em detrimento da pesquisa dos limites à atuação da autoridade administrativa nessa tarefa.

Tais exageros muitas vezes se fizeram presentes na sistemática desconsideração dos atos dos contribuintes, sem qualquer preocupação em pesquisar se houve a prática de atos abusivos, mas apenas verificar a existência da economia do imposto.

Como se vê, independentemente da discussão sobre a necessidade de regulamentação da cláusula antielisiva para o combate a elisão abusiva, a discussão foi atropelada pela jurisprudência administrativa federal, que a despeito de não fazer expressa referência ao parágrafo único do art. 116, não considera eficaz a elisão praticada com abuso de direito.

No entanto, tanto as autoridades lançadoras, a quem, na ausência do procedimento específico preconizado na cláusula antielisiva, tem cabido o reconhecimento do planejamento tributário abusivo, como as decisões das delegacias de julgamento e dos conselhos de contribuintes do Ministério da Fazenda,[77] embora considerando inválidos atos que outrora eram conside-

---

[77] Como exemplificação, vide acórdãos do Primeiro Conselho de Contribuintes do Ministério da Fazenda, proferidos pela Primeira Câmara, nos recursos nºs 150.450 (julgamento em 1º de março de 2007), 145.171 (julgamento em 24 de maio de 2006), 151.995 (julgamento em 29 de março de 2007) e 142.607 (julgamento em 23 de março de 2005) e pela Sétima Câmara no Recurso nº 137.256 (julgamento em 14 de abril de 2004).

rados lícitos, evitam, salvo exceções, qualificá-los como elisivos ou tampouco aplicar a cláusula geral antielisiva.

Assim, a tendência verificada, até o momento, é de alargamento dos limites da simulação e da evasão fiscal para condutas que outrora eram aceitas pelas autoridades administrativas. Na prática, atos que eram lícitos passaram a ilícitos sem nunca terem sido considerados abusivos. Paradoxalmente, a jurisprudência administrativa, a despeito de qualificar os atos desconsiderados pela fiscalização como ilícitos, não apoia tal conclusão na irregularidade formal da operação, mas, em geral, na ausência de escopo econômico que ultrapasse a economia fiscal, traço característico da elisão abusiva e não da evasão. Tais confusões demonstram a necessidade de um procedimento prévio ao lançamento, em que possa ser examinado o caráter supostamente abusivo do planejamento fiscal.

Pode-se, *grosso modo*, identificar como traços gerais da atual jurisprudência administrativa:

1) inexistência de menção expressa à cláusula antielisiva;
2) ampliação do espaço da evasão fiscal e da simulação;
3) exigência do escopo econômico que ultrapasse a economia fiscal;
4) insuficiência da regularidade formal da operação.

De acordo com esse panorama jurisprudencial, o planejamento tributário considerado legítimo e eficaz deve ter as seguintes características:

1) conteúdo econômico aliado à economia fiscal – é preciso um propósito negocial para a operação, além da economia tributária, ou seja, é preciso poder demonstrar que existem outros motivos para que a empresa realize o negócio pela forma escolhida;
2) operações devem ter existência jurídica e fática – não basta que a forma jurídica adotada seja lícita; é essencial que sua moldura esteja presente na realidade econômica;

3) desconsideração dos atos sucessivos praticados em curto espaço de tempo – são desconsideradas, portanto, alterações societárias sucessivas praticadas em diminuto lapso temporal, o compra e vende, no mesmo dia, o casa/separa de empresas com o único objetivo de economizar tributos;
4) desconsideração das avaliações que não correspondem à realidade de mercado – nas alterações societárias os ativos transmitidos devem ser avaliados de acordo com o valor de mercado.

Em resumo, o planejamento tributário eficaz é aquele que sai do papel e entra na realidade operacional da empresa.

Questões de automonitoramento

1) Após ler este capítulo, você é capaz de resumir o caso gerador do capítulo 3, identificando as partes envolvidas, os problemas atinentes e as soluções cabíveis?
2) Você é capaz de fazer a distinção entre evasão fiscal e elisão fiscal?
3) Quais os requisitos que caracterizam a elisão abusiva?
4) Como se distinguem o abuso de direito e a simulação?
5) A teoria da desconsideração da personalidade jurídica, para fins tributários, é facilmente aplicada no nosso ordenamento jurídico?
6) Qual é a importância do *business purpose test*?
7) Em vista do atual panorama jurisprudencial brasileiro, quais são as características de um planejamento tributário legítimo e eficaz?
8) Pense e descreva, mentalmente, alternativas para a solução do caso gerador.

2

Tributação internacional: conceitos essenciais

Roteiro de estudo

Objeto

É certo que cada país é soberano para impor a tributação sobre seu território e às pessoas nele residentes; contudo, a fonte formal das normas e seu critério de validade fazem com que seja necessário distinguir o direito tributário internacional e o direito internacional tributário. É o que indica a teoria dualista, que estabelece como ordens jurídicas distintas o direito interno e o direito internacional.[78]

O direito tributário internacional estuda e sistematiza normas que tenham elementos de estraneidade, seja porque a produção de renda ou capital ocorre extraterritorialmente – no caso dos residentes –, seja porque esses mesmos fatores

---

[78] TÔRRES, Heleno Taveira. *Pluritributação internacional sobre a renda de empresas*: tratamento unilateral, bilateral e comunitário. São Paulo: Revista dos Tribunais, 1997. p. 58-59.

ocorrem territorialmente com os não residentes. A expressão "direito tributário" refere-se ao direito interno, enquanto fonte de emanação; já a expressão "internacional" indica o elemento de estraneidade.

Por sua vez, o direito internacional tributário trata do direito dos tratados internacionais em matéria tributária, ou seja, das relações entre Estados em matéria de tributo (v.g. resolução de problemas de fraudes internacionais, tratamento coordenado das atividades impositivas, entre outros). Um exemplo de normas de direito internacional tributário são as normas convencionais que estabelecem métodos para a eliminação da bitributação internacional.

Heleno Taveira Tôrres reconhece, contudo, que tais normas formam um grupo muito restrito, já que a maioria das normas convencionais é, obrigatoriamente, dependente dos respectivos sistemas internos.[79]

Corrente oposta ao dualismo é a defendida por Alberto Xavier,[80] segundo o qual o objeto do direito tributário internacional consiste em situações relacionadas a duas ou mais ordens jurídicas com poder de tributar.

A situação internacional deve estar conexa a mais de um ordenamento jurídico, como acontece com a remessa de lucros de uma filial localizada no Brasil à sua matriz nos EUA, ou seja, é situação da vida plurilocalizada.

O autor inclui no conceito de direito tributário internacional tanto as normas internas com elementos de estraneidade quanto as normas convencionais de conflitos, sendo, portanto, adepto da teoria monista.

O concurso de pretensões impositivas se dá quando dois ou mais países impõem tributação sobre uma mesma manifestação

---

[79] Ibid. p. 62.
[80] XAVIER, Alberto. *Direito tributário internacional do Brasil*: tributação das operações internacionais. 5. ed. Rio de Janeiro: Forense, 1998. p. 47.

de riqueza. Em outras palavras, a plúrima tributação ocorre quando mais de um ordenamento jurídico se considera com vocação para tributar uma mesma situação da vida. As situações puramente internas (p. ex.: incidência do ICMS na circulação de mercadorias entre os estados da federação brasileira) não se incluem no objeto do direito tributário internacional.

O direito tributário internacional é ramo do direito público que não se propõe a resolver o concurso de normas tributárias por meio da remissão a uma lei estrangeira; afinal, não há conflito de normas em matéria de tributação internacional.

Assim, direito tributário internacional diferencia-se do direito internacional privado, no qual são admissíveis as soluções liberais e existe maior grau de integração das ordens jurídicas, tais como a remissão para leis estrangeiras para a solução de conflitos de leis.

Alberto Xavier, de forma precisa, observa não ser absoluto o dogma de que no direito tributário internacional nunca se aplicam leis tributárias estrangeiras, exemplificando com a situação em que,

> para se saber se um membro do conselho de administração de uma sociedade alemã, residente na Alemanha, é tributável no Brasil pelos honorários que aqui lhe foram pagos, se aplica a lei alemã para decidir sobre a residência alemã da pessoa ou sobre a sua qualidade de membro do conselho de administração.[81]

O referido autor chega a prever que, num futuro breve, cairá por terra o princípio de que os órgãos públicos nacionais não podem executar créditos tributários de Estados estrangeiros.[82]

---

[81] Ibid., p. 10.
[82] Ibid., p. 11.

Âmbito de incidência da lei tributária

Num primeiro momento, poderia se pensar que, em função de sua soberania, o Estado teria competência ilimitada para legislar em matéria tributária.[83] Contudo, trata-se de uma inverdade, diante dos limites estabelecidos pelo direito internacional público (DIP). Isso ocorre porque o DIP delimita a validade de aplicação das diversas ordens jurídicas nacionais (limite heterônomo). Caso o Estado resolva tributar um estrangeiro em função de situações que não estejam conexas ao seu território, estará afrontando o direito internacional.

O abuso de conexão – aplicação da lei a fato com o qual não tenha ligação – representa descumprimento do princípio da não transitividade das leis.

Também existem limites autônomos ao âmbito de incidência das leis tributárias internas: quando é estabelecido pelo próprio legislador (limitação unilateral) ou pelos tratados internacionais. Nesse último caso, a limitação é relativa, pois, apesar de o legislador poder livremente formular o âmbito de incidência da lei tributária interna, esta mesma lei não se aplicará ou só se aplicará de certa forma às situações submetidas ao âmbito de aplicação do tratado.

Quanto ao âmbito de eficácia das leis, é necessário visualizar a seguinte situação: uma autoridade pública do *Estado A* não pode praticar atos de autoridade administrativa no *Estado B*, porque isso viola o direito internacional público. Contudo, isso não impede que haja repercussão (produção de efeitos) dos atos praticados por autoridades públicas do *Estado A*.

---

[83] De acordo com Heleno Taveira Tôrres, "a expressão soberania tributária deve ser admitida como a designação da qualidade do poder que coloca o Estado como sujeito da ordem mundial, que lhe proporciona autonomia e independência na determinação dos fatos tributáveis e que só admite autolimitações de fontes originariamente internas e constitucionais" (*Pluritributação internacional sobre a renda de empresas*, 1997, op. cit., p. 49).

Um exemplo da afirmação anterior é a hipótese de o *Estado A* poder dar ordens em território nacional dirigidas a seus nacionais, ainda que residentes em território estrangeiro (*Estado B*).

Nesse contexto, quando a ordem da autoridade administrativa disser respeito a meios probatórios localizados em território estrangeiro, é possível que matérias delicadas sejam atingidas, como uma norma de proteção do sigilo bancário que exista no *Estado B*.

Em função dessas situações foi criada a "contralegislação" (*blocking statutes*), exatamente para proibir a comunicação de determinadas informações às autoridades estrangeiras. Isso porque o cidadão fica numa situação delicada, podendo se deparar com o seguinte dilema: para cumprir a determinação do *Estado A*, evitando, assim, ser sancionado, pode ser obrigado a descumprir as leis do *Estado B*.

Por todo o exposto, é certo concluir que os limites da soberania territorial do Estado somente podem ser aferidos casuisticamente, tendo como baliza a intensidade da conexão existente.

A organização do sistema de rendimentos é feita com base em dois princípios: o da territorialidade e o da universalidade, os quais passaremos a analisar a seguir.

O *princípio da territorialidade* significa a aplicação das leis tributárias tão somente aos fatos ocorridos no território da ordem jurídica a que pertencem. Pouco interessam a esse princípio características como a nacionalidade do sujeito passivo da relação tributária e sua residência.

Vendo de outro modo, na tributação com base no princípio da territorialidade, há a exigência tributária quando a fonte está localizada em um determinado país, ainda que o beneficiário do rendimento seja não residente.

A consequência lógica é que as leis tributárias estrangeiras não se aplicam no território do país, ou seja, não desencadeiam seus efeitos. Por outro lado, as leis tributárias internas são aplicadas de modo generalizado no território nacional, alcançando, inclusive, os estrangeiros.

O princípio da territorialidade em sentido material corresponde à esfera de aplicação espacial da norma tributária, é a delimitação abstrata da incidência tributária, o que não representa qualquer ofensa à soberania dos demais Estados.

Situação bem diversa é o âmbito de eficácia (princípio da territorialidade em sentido formal), pois corresponde à execução coercitiva do comando normativo, ou seja, ao exercício efetivo de poderes de autoridade administrativa pelo *Estado A* sobre o *Estado B* – como ocorre com as atividades administrativas de fiscalização, lançamento e cobrança do crédito tributário. Caso isso aconteça, haverá violação da soberania do segundo Estado.

A crítica que pode ser feita ao princípio da territorialidade é a seguinte: este não atende à atual tendência de desmaterialização das normas tributárias. Os fatos imponíveis atuais, em muitas situações, relacionam-se a mais de um ordenamento jurídico, o que exige a eleição do elemento de conexão de maior importância. Ademais, a ligação com o território (para fins de tributação) migrou dos critérios reais para os pessoais, o que atende de forma mais adequada ao princípio da capacidade contributiva.

Quanto ao *princípio da universalidade*, temos que a tributação independe do local onde tenha ocorrido o fato imponível, ou seja, está ligada ao elemento pessoal de conexão. É princípio que se justifica pela permanente evolução na movimentação de capitais no mercado global, e pelos problemas proporcionados pela elisão e evasão fiscal. Sobre o tema, Heleno Taveira Tôrres assim leciona:

> Como se vê, este princípio (da universalidade) não exclui, obviamente, o princípio da territorialidade, antes, o pressupõe. Ambos, entre si, não são antitéticos; pelo contrário, o princípio

da universalidade funciona apenas como um critério possibilitador de atribuição de alcance ultraterritorial às normas tributárias de localização de rendimentos imponíveis pelo poder tributário estatal, mantendo-se, de modo subjacente, o princípio da territorialidade, até porque a conexão entre a pessoa e o território é fundamental, para justificar plenamente a localização ultraterritorial.[84]

Tratados internacionais

De acordo com o art. 84, VIII, da Constituição da República Federativa do Brasil de 1988 (CRFB/1988), "compete privativamente ao Presidente da República celebrar tratados, convenções e atos internacionais, que ficam sujeitos a referendo do Congresso Nacional". O art. 49, I, por sua vez, estabelece ser "da competência exclusiva do Congresso Nacional resolver definitivamente sobre tratados, acordos ou atos internacionais que acarretem encargos ou compromissos gravosos ao patrimônio nacional".

A celebração do tratado pode ser dividida em duas partes: negociações e celebração. O início da fase de negociações ocorre com a intervenção de agentes do Poder Executivo e termina com a autenticação. Esta última, por sua vez, não cria o vínculo convencional, mas indica a vontade de assumir o vínculo.

O referendo do Congresso Nacional inicia a fase da celebração e significa uma autorização para que o presidente da República ratifique o tratado. O decreto legislativo é a forma pela qual se veicula o referendo.

A ratificação confirma e declara o tratado, sendo ato unilateral do presidente da República, o qual é referendado pelo ministro das Relações Exteriores. O tratado entra em vigor na

---

[84] Ibid., p. 75.

ordem jurídica internacional através da troca dos instrumentos de ratificação.

A promulgação e a publicação constituem a fase integrativa de eficácia do tratado. A primeira é feita por decreto do presidente da República e atesta o cumprimento das formalidades necessárias à conclusão do tratado, além de tornar pública sua existência. A publicação da promulgação no *Diário Oficial* produz efeitos *ex tunc* em relação à sua data de vigência.

Em que situações as normas internacionais têm relevância para a ordem jurídica interna? Qual o valor das normas internacionais perante o ordenamento jurídico interno? As respostas a tais perguntas nos remetem às teorias monista e dualista.

A teoria monista entende que o direito é um só (unidade), sendo a ordem interna e a internacional simples manifestações do direito. A tese dualista, por sua vez, distingue a ordem jurídica interna da ordem internacional. Assim, para que a norma jurídica internacional vigore na ordem interna, é necessário que ela seja transformada em lei interna.

O monismo com primado do direito interno é aquele em que a ordem interna prevalece sobre a internacional em caso de conflito entre elas. Exatamente o contrário ocorre no monismo com primado do direito internacional, ou seja, prevalece a ordem internacional no caso de conflito.

A matéria é controvertida na doutrina especializada. Alberto Xavier, adepto da teoria monista, elenca seis argumentos para defender a ideia de que existiria superioridade hierárquica dos tratados face à lei interna, isto é, em face da CRFB/1988:

> i) a Constituição Federal consagrou o sistema monista com a cláusula geral de recepção plena (art. 5º, § 2º), o que significa que os tratados valem na ordem interna como tal e não como leis internas, apenas sendo suscetíveis de revogação ou denúncia pelos mecanismos próprios do direito dos tratados;

ii) o art. 5º, § 2º, da Constituição Federal atribui expressa superioridade hierárquica aos tratados em matéria de direitos e garantias fundamentais, entre os quais se inclui a matéria tributária (art. 150, *caput*);

iii) os Tribunais aplicam os tratados como tal e não como lei interna;

iv) a celebração dos tratados é ato da competência conjunta do Chefe de Poder Executivo e do Congresso Nacional (art. 84, inciso VIII e art. 49, I), não sendo, portanto, admissível a sua revogação por ato exclusivo do Poder Legislativo;

v) o art. 98 do Código Tributário Nacional – que é lei complementar que se impõe ao legislador ordinário – é expresso ao estabelecer a superioridade hierárquica dos tratados, sendo inadmissível restringir essa superioridade apenas a algumas espécies ou modalidades, não distinguidas por lei;

vi) nem o decreto legislativo, que formaliza o referendo do Congresso Nacional, nem o decreto do Presidente da República, que formaliza a promulgação, têm o alcance de transformar o tratado em lei interna.[85]

Contudo, Heleno Taveira Tôrres leciona de forma diametralmente oposta, no sentido de que a Constituição da República não contém dispositivo explicitamente propenso à recepção do direito internacional convencional na ordem jurídica interna, assim como não menciona o lugar ocupado na hierarquia das fontes do direito.[86]

Para o adepto da corrente dualista, o art. 98 do Código Tributário Nacional (CTN) tem natureza declaratória da recepção e da incorporação, ao sistema brasileiro, das disposições

---

[85] XAVIER, Alberto. *Direito tributário internacional do Brasil*, 1998, op. cit., p. 114-115.
[86] TÔRRES, Heleno Taveira. *Pluritributação internacional sobre a renda de empresas*, 1997, op. cit., p. 395.

contidas nos textos dos tratados em matéria tributária firmados pelo Brasil.[87]

Infelizmente, em inobservância ao princípio da segurança jurídica, não foi este o entendimento esposado pelo Tribunal Regional Federal da Quarta Região, no seguinte acórdão:

IMPOSTO DE RENDA – PESSOA JURÍDICA DOMICILIADA NO EXTERIOR – DISTRIBUIÇÃO DE LUCROS – RETENÇÃO NA FONTE – PRETENSÃO DE TRATAMENTO IDÊNTICO AOS CONTRIBUINTES NACIONAIS – INVIABILIDADE –

1. Considerando que, no ordenamento jurídico brasileiro, inexiste superioridade hierárquica dos tratados e convenções internacionais em relação à Lei ordinária, válida a exigência do imposto de renda na fonte, relativamente ao sócio residente no exterior, tendo em vista a expressa previsão na legislação posterior à "convenção internacional entre Brasil e Suécia para evitar dupla tributação sobre a renda" (Decreto nº 77.053/76).

2. Não vislumbrada a violação ao princípio constitucional da isonomia tributária, pois inexiste relação de similitude entre o sócio, residente e domiciliado em território estrangeiro, súdito do Reino da Suécia e o sócio residente e domiciliado no Brasil.

3. Apelação improvida.[88]

O Supremo Tribunal Federal (STF), no julgamento do Recurso Extraordinário nº 80.004,[89] entendeu que tratado inter-

---

[87] Ibid., p. 400.
[88] BRASIL. Tribunal Regional Federal. Quarta Região. AC nº 97.04.26084-9/PR. Relator: juiz Fernando Quadros da Silva. Segunda Turma. Julgamento em 11 de dezembro de 2000. DJ, 11 abr. 2001.
[89] "Ementa: CONVENÇÃO DE GENEBRA, LEI UNIFORME SOBRE LETRAS DE CÂMBIO E NOTAS PROMISSÓRIAS – AVAL APOSTO A NOTA PROMISSÓRIA NÃO REGISTRADA NO PRAZO LEGAL – IMPOSSIBILIDADE DE SER O AVALISTA ACIONADO, MESMO PELAS VIAS ORDINÁRIAS. VALIDADE DO DECRETO-LEI Nº 427, DE 22/01/1969. EMBORA A CONVENÇÃO DE GENEBRA QUE PREVIU UMA LEI

nacional é recepcionado com *status* de lei ordinária e, por conta disso, em razão do critério cronológico, lei posterior poderia revogá-lo, em princípio. Entretanto, a possibilidade de nova lei revogar a eficácia do tratado no âmbito interno – e, repita-se, apenas no âmbito interno – se dá em função de o ordenamento jurídico brasileiro ter adotado a teoria dualista.

Em matéria tributária, o já mencionado art. 98 do CTN[90] parece estabelecer a prevalência dos tratados tributários em detrimento da legislação tributária interna. No entanto, o STF entende que, se o CTN teve de dispor expressamente que em matéria tributária prevalece o tratado, significa que em outras matérias o tratado internacional não prevaleceria.

O Superior Tribunal de Justiça, por sua vez, entende que o mencionado dispositivo estabelece que o tratado não revoga a lei interna, mas apenas suspende sua eficácia, e as novas normas devem observar o disposto no tratado, não cabendo, dessa forma, revogação de tratado internacional por lei interna superveniente, como é possível verificar do acórdão ora colacionado:

TRIBUTÁRIO. MANDADO DE SEGURANÇA. IMPORTAÇÃO DE DERIVADO DE VITAMINA E – ACETATO DE TOCOFEROL, DE PAÍS SIGNATÁRIO DO GATT. REDUÇÃO DE

UNIFORME SOBRE LETRAS DE CÂMBIO E NOTAS PROMISSÓRIAS TENHA APLICABILIDADE NO DIREITO INTERNO BRASILEIRO, NÃO SE SOBREPÕE ELA ÀS LEIS DO PAÍS, DISSO DECORRENDO A CONSTITUCIONALIDADE E CONSEQUENTE VALIDADE DO DEC.-LEI Nº 427/69, QUE INSTITUI O REGISTRO OBRIGATÓRIO DA NOTA PROMISSÓRIA EM REPARTIÇÃO FAZENDÁRIA, SOB PENA DE NULIDADE DO TÍTULO. SENDO O AVAL UM INSTITUTO DO DIREITO CAMBIÁRIO, INEXISTENTE SERÁ ELE SE RECONHECIDA A NULIDADE DO TÍTULO CAMBIAL A QUE FOI APOSTO. RECURSO EXTRAORDINÁRIO CONHECIDO E PROVIDO" (BRASIL. Supremo Tribunal Federal. Recurso Extraordinário nº 80.004. Relator: ministro Xavier de Albuquerque. Tribunal Pleno. Julgado em 1º de junho de 1977. *DJ*, 29 dez. 1977 PP-09433; *DJ*, 19 maio 1978 PP-03468 EMENT VOL-01083-02 PP-00915 RTJ VOL-00083-03 PP-00809).

[90] CTN: "Art. 98. Os tratados e as convenções internacionais revogam ou modificam a legislação tributária interna, e serão observados pela que lhes sobrevenha".

ALÍQUOTA DE IMPOSTO DE IMPORTAÇÃO E IPI. PREVALÊNCIA DO ACORDO INTERNACIONAL DEVIDAMENTE INTEGRADO AO ORDENAMENTO JURÍDICO INTERNO. IMPOSSIBILIDADE DE SUA REVOGAÇÃO PELA LEGISLAÇÃO TRIBUTÁRIA SUPERVENIENTE (ART. 98 DO CTN). PRECEDENTES. RECURSO NÃO CONHECIDO.[91]

Concurso de normas e dupla tributação

O fenômeno da bitributação está ligado à necessidade de políticas internacionais adequadas e eficientes em matéria tributária, principalmente em função da atual realidade em que a economia dos diversos países do globo está cada vez mais interdependente. As condições ideais de desenvolvimento dos países relacionam-se à competitividade das empresas e à atração de investimentos estrangeiros.

Existe bitributação internacional quando vários Estados dotados de soberania tributária submetem o mesmo contribuinte, pelo mesmo fato gerador, a um imposto da mesma espécie. Do ponto de vista prático, a bitributação ocorre quando, por exemplo, uma empresa multinacional fabricante de computadores, com sede num país X, possui filiais em cinco outros países. É natural que o lucro das filiais seja tributado pelo país em que se localizam (fonte de produção); contudo, uma vez que os rendimentos percebidos também se constituem em lucro para sua matriz, deverá tal quantia ser novamente tributada.

A ocorrência da bitributação internacional decorre de quatro identidades:

---

[91] BRASIL. Superior Tribunal de Justiça. Recurso Especial nº 167.758. Relator: ministro Adhemar Maciel. Segunda Turma. Julgamento em 26 de maio de 1998. DJ, 3 ago. 1998.

1) identidade de imposto: os impostos dos dois ou mais Estados soberanos devem ser comparáveis, ou seja, devem possuir a mesma natureza jurídica;
2) identidade de soberanias tributárias;
3) identidade do elemento material do fato gerador;
4) identidade do sujeito passivo.

Consequência da bitributação internacional é o desrespeito à justiça fiscal, por violar o princípio da capacidade contributiva. Ademais, interfere nos movimentos de pessoas e capitais, obstaculizando as transferências de tecnologia. Todo esse contexto provoca a sonegação fiscal internacional e a elisão fiscal (p. ex.: prática dos preços de transferência artificiais).

Diante do problema da bitributação internacional, as empresas multinacionais podem adotar práticas tendentes a aumentar seus lucros e diminuir suas despesas em nível global. Entre tais medidas, as unilaterais são aquelas em que o Estado, através de leis internas, concede isenções, dedução na base de cálculo dos montantes pagos no exterior a título de tributos etc. Já as soluções bilaterais ou multilaterais se expressam através dos tratados e das convenções bilaterais, os quais, atualmente, representam a melhor solução para evitar a dupla tributação internacional e, por via transversa, a elisão e a evasão fiscal internacional.

Faz-se necessário analisar o âmbito de aplicação dos tratados para evitar a dupla tributação.

As convenções internacionais contra a dupla tributação têm sido celebradas tanto por países desenvolvidos quanto por aqueles em desenvolvimento. Estes últimos, inclusive, têm como parâmetro a Convenção-Modelo de 1980 – The UN Model –, fruto de estudos realizados pela Organização das Nações Unidas (ONU).

A Convenção-Modelo da ONU é uma contraposição ao Modelo OCDE (Organização de Cooperação e Desenvolvimento Econômico), que atende aos interesses dos países industrializados. Vale observar que os países menos desenvolvidos preocupam-se em reforçar o princípio da fonte, em detrimento do princípio da residência.

O âmbito de aplicação quanto aos impostos se restringe àqueles incidentes sobre a renda e a fortuna, pouco importando para tanto a forma de cobrança ou a pessoa de direito público que detenha sua titularidade. Este último dado não interfere na aplicação do tratado. O art. 2º do Modelo OCDE determina que os Estados contratantes devem elaborar uma lista (caráter declaratório) com os impostos a que se aplica a convenção.

Quanto às pessoas, vigora o princípio da relatividade dos tratados, ou seja, a convenção só alcança aquelas que sejam residentes num dos Estados contratantes. Além disso, o critério de residência é o que prevalece nesse tipo de tratado, em detrimento do critério da nacionalidade. A exceção é a convenção firmada entre o Brasil e as Filipinas, porque esta adota o princípio da nacionalidade.

Em relação ao território, o tratado é obrigatório no que concerne à totalidade do território de cada uma das partes, a não ser que se deduza intenção diversa no tratado ou nele conste de modo diverso – é o que determina o art. 29 da Convenção de Viena.

No que concerne ao tempo, o tratado entra em vigor quando se verifica a troca dos instrumentos de ratificação ou a contar de um prazo a partir daquele instante. Contudo o início da eficácia pode ser diferido.

Em que pese o fato de o tratado ser celebrado por prazo indeterminado, sua extinção ocorre pela denúncia, de acordo com o período de antecedência que estiver fixado, que contará a partir do final de um ano calendário.

Blocos econômicos internacionais

De acordo com Adilson Rodrigues Pires, pode-se dizer que o liberalismo econômico é

> o precursor dos movimentos de integração, realidade que não pode ser ignorada mesmo pelos mais céticos dos indivíduos. A distância entre pessoas que vivem em lugares remotos neste mundo tem sido reduzida em face da modernização dos meios de comunicação, fato observado principalmente nas últimas décadas. As atividades antes desenvolvidas, em regra, por empresas de capital exclusivamente nacional cada vez mais são repartidas com as transnacionais.[92]

O tradicional interesse nacional transmuda-se para o interesse comunitário internacional, tendo a integração o importante papel de incentivar a mobilidade dos fatores de produção. A integração dos mercados do Mercosul levou somente 45 meses desde a assinatura do Tratado de Assunção, tornando-se de fato existente tanto a união aduaneira quanto a zona de livre comércio, em 31 de dezembro de 1994, em que pese a existência de tabelas de exceções e de convergência.

A integração econômica completa passa por diversas etapas, quais sejam: (1) zona de mercado comércio; (2) união aduaneira; (3) mercado comum; e (4) união econômica e monetária.

A zona de livre comércio é a primeira etapa do processo de integração, na qual há a eliminação das restrições tarifárias internas, porém, no comércio de mercadorias com terceiros, cada país conserva sua própria estrutura tarifária. Dois ou mais territórios aduaneiros são substituídos por um único e, dentro

---

[92] PIRES, Adilson Rodrigues. *Práticas abusivas no comércio internacional*. Rio de Janeiro: Forense, 2001. p. 55-56.

desse território comunitário, os tributos incidentes sobre as operações de comércio exterior são eliminados para a maioria das operações.

A afirmação de que a eliminação é para a maioria das operações e não para todas funda-se no fato de que a formação da zona de livre comércio não está condicionada, obrigatoriamente, à extinção de todas as alíquotas incidentes sobre as importações de produtos originários dos países-membros; basta a eliminação das alíquotas para parcela dos produtos considerados essenciais para o intercâmbio entre os países comunitários.

Etapa posterior à criação da zona de livre comércio é a união aduaneira, contudo nada impede que as duas sejam constituídas simultaneamente. Ainda de acordo com Adilson Rodrigues Pires, a "União Aduaneira se caracteriza pela unificação das tarifas aduaneiras dos países-membros, dando origem a uma tarifa externa comum, aplicada sobre as importações originárias de terceiros países".[93]

Peter Robson, ao discorrer sobre as características essenciais da união aduaneira, entende que nesta está compreendida

> a abolição dos direitos alfandegários sobre as importações provenientes dos países membros, a adoção de uma pauta externa comum (PEC) sobre as importações provenientes do resto do mundo e a distribuição das receitas aduaneiras ente os estados-membros segundo uma fórmula acordada.[94]

A diferença básica entre a zona de livre comércio e a união aduaneira está em que a primeira permite a autonomia de cada país para fixar ou negociar com terceiros países alíquota de im-

---

[93] Ibid., p. 66.
[94] ROBSON, Peter. *Teoria econômica da integração internacional*. Coimbra: Coimbra Ed., 1985. p. 27.

portação, normas de regimes aduaneiros especiais etc., o que já não ocorre na união aduaneira, em que existem normas comuns aos países-membros, assim como uma tarifa externa comum. Nesta última, quando um dos países-membros importa uma mercadoria, esta é considerada uma importação comunitária, é um bem comunitário para efeitos aduaneiros.

O mercado comum é a terceira etapa do processo de integração, em que há a livre circulação de serviços, mercadorias, capitais e pessoas. Nessa fase, já existem normas ditadas pelo interesse público. Mister observar que o Mercosul não tem data prevista para a concretização do mercado comum entre seus membros, sendo certo que se trata de etapa alcançada apenas após muitos anos de progresso na integração.

Por fim, a união econômica e monetária é a última etapa do processo de integração, consistindo na extinção das tensões presentes nas etapas anteriores, principalmente no que concerne às políticas econômicas dos Estados-membros. O ápice de um processo de integração se expressa pela instituição de um banco central que tenha a incumbência de gerir as políticas monetárias, cambiais e creditícias dos Estados-membros, bem como pela instituição de uma moeda única.

Heleno Taveira Tôrres refuta a ideia de um "direito tributário comunitário", pela simples razão de não existirem tributos propriamente comunitários. O conceito de tributo vincula-se à ideia de soberania, ou seja, é questão exclusiva dos Estados. Segundo o autor:

> Não há uma tributação comunitária, no sentido pleno do termo, depreendida da existência de um sistema tributário predisposto mediante normas e instituições comunitárias para impor obrigações tributárias aos particulares ou respectivos Estados-Membros, haja vista a Comunidade Europeia, enquanto tal, ainda não dispor de uma competência tributária geral

ou remanescente, porque dependente de um ato de vontade expresso dos Estados-Membros para tanto.[95]

Questões de automonitoramento

1) Após ler este capítulo, você é capaz de resumir o caso gerador do capítulo 3, identificando as partes envolvidas, os problemas atinentes e as soluções cabíveis?
2) Qual o objeto do direito tributário internacional?
3) Qual a eficácia das leis tributárias no âmbito internacional?
4) Em que situações as normas internacionais têm relevância para a ordem jurídica interna?
5) Qual o valor das normas internacionais perante o ordenamento jurídico interno?
6) Como resolver a bitributação internacional?
7) Pense e descreva, mentalmente, alternativas para a solução do caso gerador.

---

[95] TÔRRES, Heleno Taveira. *Pluritributação internacional sobre a renda de empresas*, 1997, op. cit., p. 510.

3

Sugestões de casos geradores

Planejamento tributário: conceitos essenciais (cap. 1)

Caso gerador

Pessoa jurídica tributada pelo lucro real desempenha as seguintes atividades empresariais: (1) *construção e negociação do casco* de embarcações e de equipamentos náuticos; (2) *prestação de serviços de montagem*, reforma, acabamento e manutenção de embarcações náuticas; e (3) *venda de peças para a manutenção* de embarcações náuticas.

Os sócios decidem cindir essa empresa em três pessoas jurídicas distintas (os seis sócios, que antes representavam o capital social da pessoa jurídica tributada pelo lucro real, se dividem em três grupos, cada grupo formando o capital social de uma dessas três empresas, o que significa dizer que essas empresas cindidas não possuem qualquer relação societária entre si), sendo que cada empresa cindida passa a exercer uma das atividades acima mencionadas (1, 2 e 3). As empresas que desempenham as atividades 1 e 2 passam a ser tributadas pelo lucro presumido, enquanto a outra empresa se torna optante do Simples Nacional.

Apesar de esses sócios terem se preocupado com a segregação (a) da escrita fiscal e contábil e (b) do quadro de funcionários, essas três empresas permanecem ocupando o mesmo espaço físico antes ocupado pela empresa tributada pelo lucro real. A principal justificativa para a manutenção do mesmo espaço físico foi a de que, muito embora tenha ocorrido essa segregação de atividades, essas empresas continuaram atendendo a alguns clientes em comum. Dessa forma, por prestarem atividades complementares, uma empresa poderia construir o casco da embarcação, outra empresa poderia prestar os serviços de montagem e acabamento e, se fosse necessário, a terceira empresa poderia vender peças para a manutenção dessa embarcação. Preocupados com eventual fiscalização, os sócios dessas três empresas apresentam os seguintes questionamentos a você:

1) Essa reorganização societária poderia ser entendida como uma forma de evasão fiscal? Fundamente.
2) A motivação para essa segregação de atividades poderia ser exclusivamente fiscal? Fundamente.
3) A empresa que exerce a atividade 3 poderia ser optante do Simples Nacional?

Tributação internacional: conceitos essenciais (cap. 2)

Caso gerador

A convenção destinada a evitar a dupla tributação e prevenir a evasão fiscal em matéria de impostos sobre a renda firmada entre o Brasil e a Espanha determina que "quando um residente do Brasil receber dividendos que de acordo com as disposições da presente Convenção sejam tributáveis na Espanha, o Brasil isentará de imposto esses dividendos".

Salienta-se que os dividendos são, em regra, tributáveis na Espanha quando de sua distribuição. Todavia, para um tipo específico de sociedade empresária, os dividendos são tributados à alíquota zero.

Em 11 de junho de 2002, a então Secretaria da Receita Federal publicou o Ato Declaratório Interpretativo nº 6, que dispõe sobre o tratamento tributário aplicável aos lucros e dividendos oriundos de investimentos na Espanha. De acordo com esse ato:

> O SECRETÁRIO DA RECEITA FEDERAL, no uso da atribuição que lhe confere o inciso III do art. 209 do Regimento Interno da Secretaria da Receita Federal – aprovado pela Portaria MF nº 259, de 24 de agosto de 2001, e tendo em vista a Convenção destinada a Evitar a Dupla Tributação e Prevenir a Evasão Fiscal em Matéria de Impostos sobre a Renda entre o Brasil e a Espanha, promulgada pelo Decreto nº 76.975, de 2 de janeiro de 1976, bem assim o disposto nos arts. 25 e 35 da Lei nº 9.249, de 26 de dezembro de 1995, declara:
>
> Art. 1º Sujeitam-se à incidência do imposto de renda os lucros e dividendos recebidos por residentes ou domiciliados no Brasil, decorrentes de participação em "Entidad de Tenencia de Valores Extranjeros"/ETVE, regulada pela Lei Espanhola do Imposto de Sociedades, não se aplicando o disposto no parágrafo 4º do art. 23 da Convenção destinada a Evitar a Dupla Tributação e Prevenir a Evasão Fiscal em Matéria de Impostos sobre a Renda entre o Brasil e a Espanha, promulgada pelo Decreto nº 76.975, de 1976.
>
> Art. 2º O disposto no artigo anterior aplica-se aos fatos geradores ocorridos a partir de 1º de janeiro de 1996.

1) De acordo com o tratado, os dividendos distribuídos pela ETVE são tributáveis no Brasil pelo IRPJ? E quanto à CSLL?
2) Qual o efeito jurídico desse ato declaratório interpretativo?

3) Quais seriam os "defeitos" desse ato declaratório, se houver?
4) Quais os argumentos que você utilizaria para defender a posição da Secretaria da Receita Federal?

Conclusão

O planejamento tributário, há centenas de anos, é utilizado pelas pessoas físicas e jurídicas. Entretanto, com o aumento da carga tributária, ele se tornou imprescindível. No cenário atual, os diferentes níveis de governo buscam constantemente formas de aumentar a arrecadação. Paralelamente, centenas de milhares de normas tributárias são criadas todos os anos como fruto da pressão política exercida pelos diferentes setores da sociedade, na intenção de aliviar pontualmente esse aumento avassalador do peso tributário no orçamento de todos. Como consequência, observamos a criação de uma legislação tributária cada vez mais complexa, que proporciona terreno fértil para a realização de planejamentos tributários.

Ademais, com o encurtamento da distância entre os diversos países e blocos econômicos, o cenário tornou-se mais complexo, e mesmo as pequenas empresas foram obrigadas a se inteirar sobre questões relacionadas ao planejamento e à tributação internacional, sob pena de não conseguirem resistir à concorrência advinda dos competidores sediados em países que fornecem algum tipo de favorecimento fiscal.

Não existe dúvida de que a simplificação da legislação tributária em vigor colaboraria para a construção de um ambiente econômico mais justo para todos, em que o planejamento tributário deixaria de ser um diferencial competitivo tão representativo. A referida simplificação também aumentaria a competitividade do Brasil no cenário internacional e colaboraria na internacionalização das empresas brasileiras. Entretanto, o ambiente político vivido pelo país há diversas décadas impede a realização de reformas tributárias significativas. Nesse panorama, o domínio das técnicas de planejamento tributário e das regras de tributação internacional se apresenta como única saída viável para as empresas que desejam manter-se no mercado.

Esta obra objetivou lançar as bases necessárias para a compreensão dos conceitos essenciais relacionados ao planejamento tributário e à tributação internacional, capacitando o leitor para a análise crítica desses temas. Não se objetivou, com este trabalho, exaurir temas tão complexos. Esperamos que, ao final deste livro, o leitor esteja motivado a aprofundar suas pesquisas. Bons estudos!

Referências

AMORÓS RICA, Narciso. *La elusión y la evasión tributaria*: ensayos sobre administración, política y derecho tributario. Buenos Aires: Macchi, 1970.

_____. O conceito de fraude à lei no direito espanhol. In: MACHADO, Brandão (Coord.). *Estudos em homenagem ao prof. Ruy Barbosa Nogueira*. São Paulo: Saraiva, 1984. p. 425-443.

BUJANDA, Sainz de. *Hacienda y derecho*. Madri: Instituto de Estudios Politicos, 1963.

COÊLHO, Sacha Calmon Navarro. Os limites atuais do planejamento tributário. In: ROCHA, Valdir de Oliveira (Coord.). *O planejamento tributário e a Lei Complementar 104*. São Paulo: Dialética, 2001. p. 279-304.

CUNHA DE SÁ, Fernando Augusto. *Abuso de direito*. Coimbra: Almedina, 1997.

DANTAS, San Tiago. *Programa de direito civil*: teoria geral. 3. ed. Rio Janeiro: Forense, 2001.

DÓRIA, Antônio Roberto Sampaio. *Elisão e evasão fiscal*. 2. ed. São Paulo: Bushatsky, 1977.

ESTÉVEZ, José Lois. *Fraude contra derecho*. Madri: Civitas, 2001.

FALCÃO, Amílcar. *Fato gerador da obrigação tributária*. 4. ed. anotada e atual. Geraldo Ataliba. São Paulo: Revista dos Tribunais, 1977.

GALLO, Franco. Elisão, economia de imposto e fraude à lei. *Revista de Direito Tributário*, São Paulo, ano 14, n. 52, p. 7-18, abr./jun. 1990.

GODOI, Marciano Seabra de. Uma proposta de compreensão e controle dos limites da elisão fiscal no direito brasileiro: estudo de casos. In: YAMASHITA, Douglas (Org.). *Planejamento tributário à luz da jurisprudência*. São Paulo: LEX, 2007. p. 237-288.

GODOY, Arnaldo Sampaio de. *Interpretação econômica do direito tributário*: o caso Gregory v. Helvering e as doutrinas do propósito negocial (*business purpose*) e da substância sobre a forma (*substance over form*). Disponível em: <www.arnaldogodoy.adv.br/artigos/direitotribu.htm#_ftn1>. Acesso em: 28 jul. 2015.

GOMES, Nuno de Sá. *Evasão fiscal, infracção fiscal e processo penal fiscal*. Lisboa: Rei dos Livros, 2000.

GRECO, Marco Aurélio. *Planejamento fiscal e a interpretação da lei tributária*. São Paulo: Dialética, 1998.

_____. Constitucionalidade do parágrafo único do artigo 116 do CTN. In: ROCHA, Valdir de Oliveira (Coord.). *O planejamento tributário e a Lei Complementar 104*. São Paulo: Dialética, 2001. p. 181-204.

_____. *Planejamento tributário*. São Paulo: Dialética, 2004.

_____. Perspectivas teóricas do debate sobre planejamento tributário. *Revista Fórum de Direito Tributário*, Belo Horizonte, ano 7, n. 42, p. 9-42, 2009.

HERRERA MOLINA, Pedro M. *Capacidad económica y sistema fiscal*: análisis del ordenamiento español a la luz del derecho alémán. Barcelona: Marcial Pons, 1998.

HÖHN, Ernst. Evasão do imposto e tributação segundo os princípios do estado de direito. In: MACHADO, Brandão (Coord.). *Estudos em homenagem ao prof. Ruy Barbosa Nogueira*. São Paulo: Saraiva, 1984. p. 283-301.

HUCK, Hermes Marcelo. *Evasão e elisão*: rotas nacionais e internacionais do planejamento tributário. São Paulo: Saraiva, 1997.

LAPATZA, José Juan Ferreiro. *Curso de derecho español*: instituciones. 25. ed. Madri: Marcial Pons, 2006.

MACHADO, Hugo de Brito. A norma antielisão e o princípio da legalidade: análise crítica do parágrafo único do art. 116 do CTN. In: ROCHA, Valdir de Oliveira (Coord.). *O planejamento tributário e a Lei Complementar 104*. São Paulo: Dialética, 2001. p. 103-116.

MARTINS, Ives Gandra da Silva. Norma antielisão é incompatível com o sistema constitucional brasileiro. In: ROCHA, Valdir de Oliveira (Coord.). *O planejamento tributário e a Lei Complementar 104*. São Paulo: Dialética, 2001. p. 117-128.

MONCADA, Luís Cabral. *Lições de direito civil*. 4. ed. Coimbra: Almedina, 1995.

PEREIRA, Caio Mario da Silva. *Instituições de direito civil*. 10. ed. Rio de Janeiro: Forense, 1987. v. 1.

PEREZ DE AYALA. *Derecho tributario I*. Madri: Editorial de Derecho Financiero, 1968.

PIRES, Adilson Rodrigues. *Práticas abusivas no comércio internacional*. Rio de Janeiro: Forense, 2001.

RIBEIRO, Ricardo Lodi. *Justiça, interpretação e elisão tributária*. Rio de Janeiro: Lumen Juris, 2003.

_____. A constitucionalização do direito tributário. In: SOUZA NETO, Cláudio Pereira de; SARMENTO, Daniel. *A constitucionalização do direito*. Rio de Janeiro: Lumen Juris, 2007. p. 987-1009.

_____. *A segurança jurídica do contribuinte*: legalidade, não surpresa e proteção à confiança legítima. Rio de Janeiro: Lumen Juris, 2008.

ROBSON, Peter. *Teoria econômica da integração internacional*. Coimbra: Coimbra Ed., 1985.

RODRIGUES, Silvio. *Direito civil*. 10. ed. São Paulo: Saraiva, 1980. v. 1.

ROLIM, João Dácio. Considerações sobre a norma geral antielisiva introduzida pela Lei Complementar 104/2001. In: ROCHA, Valdir de

Oliveira (Coord.). *O planejamento tributário e a Lei Complementar 104*. São Paulo: Dialética, 2001.

ROSEMBUJ, Túlio. *El fraude de ley, la simulación, y el abuso de las formas en derecho tributario*. 2. ed. Barcelona: Marcial Pons, 1999.

SEIXAS FILHO, Aurélio Pitanga. *Princípios fundamentais do direito administrativo tributário*: a função fiscal. 2. ed. Rio de Janeiro: Forense, 2000.

SILVA, José Afonso. *Aplicabilidade das normas constitucionais*. 3. ed. São Paulo: Malheiros, 1998.

TÔRRES, Heleno Taveira. *Pluritributação internacional sobre a renda de empresas*: tratamento unilateral, bilateral e comunitário. São Paulo: Revista dos Tribunais, 1997.

TORRES, Ricardo Lobo. *Normas de interpretação e integração do direito tributário*. 3. ed. Rio de Janeiro: Renovar, 2000.

_____. Princípio da transparência fiscal. *Revista de Direito Tributário*, São Paulo, n. 79, p. 8-18, 2001a.

_____. A chamada "interpretação econômica do direito tributário", a Lei Complementar nº 104 e os limites atuais do planejamento tributário. In: ROCHA, Valdir de Oliveira (Coord.). *O planejamento tributário e a Lei Complementar 104*. São Paulo: Dialética, 2001b. p. 233-244.

TROIANELLI, Gabriel Lacerda. O parágrafo único do artigo 116 do Código Tributário Nacional como limitador do poder na administração. In: ROCHA, Valdir de Oliveira (Coord.). *O planejamento tributário e a Lei Complementar 104*. São Paulo: Dialética, 2001. p. 85-102.

XAVIER, Alberto. A evasão fiscal legítima: o negócio jurídico indireto em direito fiscal. *Revista de Direito Público*, São Paulo, ano VI, n. 23, p. 236-253, jan./mar. 1973.

_____. *Direito tributário internacional do Brasil*: tributação das operações internacionais. 5. ed. Rio de Janeiro: Forense, 1998.

_____. *Tipicidade da tributação, simulação e norma antielisiva*. São Paulo: Dialética, 2001.

Organizadores

Na contínua busca pelo aperfeiçoamento de nossos programas, o Programa de Educação Continuada da FGV Direito Rio adotou o modelo de sucesso atualmente utilizado nos demais cursos de pós-graduação da Fundação Getulio Vargas, no qual o material didático é entregue ao aluno em formato de pequenos manuais. O referido modelo oferece ao aluno um material didático padronizado, de fácil manuseio e graficamente apropriado, contendo a compilação dos temas que serão abordados em sala de aula durante a realização da disciplina.

A organização dos materiais didáticos da FGV Direito Rio tem por finalidade oferecer o conteúdo de preparação prévia de nossos alunos para um melhor aproveitamento das aulas, tornando-as mais práticas e participativas.

Joaquim Falcão – diretor da FGV DIREITO RIO

Doutor em educação pela Université de Génève. *Master of laws* (LL.M) pela Harvard University. Bacharel em direito pela

Pontifícia Universidade Católica do Rio de Janeiro (PUC-Rio). Diretor da Escola de Direito do Rio de Janeiro da Fundação Getulio Vargas (FGV DIREITO RIO).

Sérgio Guerra – vice-diretor de pós-graduação da FGV DIREITO RIO

Pós-doutor em administração pública. Doutor e mestre em direito. Embaixador da Yale University no Brasil, onde foi *visiting researcher* na Yale Law School em 2014. Professor titular de direito administrativo, vice-diretor de ensino, pesquisa e pós-graduação e coordenador do mestrado em direito da regulação da FGV DIREITO RIO. Coordenador do curso International Business Law na University of California (Irvine). Editor da *Revista de Direito Administrativo* (RDA). Consultor jurídico da OAB/RJ (Comissão de Direito Administrativo).

Rafael Alves de Almeida – coordenador da pós-graduação *lato sensu* da FGV DIREITO RIO

Doutor em políticas públicas, estratégias e desenvolvimento pelo Instituto de Economia da Universidade Federal do Rio de Janeiro (UFRJ). *Master of Laws* (LL.M) em *international business law* pela London School of Economics and Political Science (LSE). Mestre em regulação e concorrência pela Universidade Candido Mendes (Ucam). Formado pela Escola de Magistratura do Estado do Rio de Janeiro (Emerj). Bacharel em direito pela UFRJ e em economia pela Ucam.

Colaboradores

Os cursos de pós-graduação da FGV DIREITO RIO foram realizados graças a um conjunto de pessoas que se empenhou para que ele fosse um sucesso. Nesse conjunto bastante heterogêneo, não poderíamos deixar de mencionar a contribuição especial de nossos professores e assistentes de pesquisa em compartilhar seu conhecimento sobre questões relevantes ao direito. A FGV DIREITO RIO conta com um corpo de professores altamente qualificado que acompanha os trabalhos produzidos pelos assistentes de pesquisa envolvidos em meios acadêmicos diversos, parceria que resulta em uma base didática coerente com os programas apresentados.

Nosso especial agradecimento aos colaboradores da FGV DIREITO RIO que participaram deste projeto:

Ana Cláudia Akie Utumi

Membro do Permanent Scientific Committee da International Fiscal Association (IFA). Membro do Practice Committee do New York University School of Law International Tax Program. *Head* da área tributária de Tozzini Freire Advogados. Doutora em direito econômico-financeiro pela Universidade de São Paulo (USP). Mestre em direito tributário pela Pontifícia Universidade Católica de São Paulo (PUC-SP). MBA em finanças pelo Ibmec-São Paulo (atual Insper). Graduada em direito pela USP e em administração de empresas pela Fundação Getulio Vargas (FGV-São Paulo). Professora dos cursos de graduação e pós-graduação da Fundação Instituto de Pesquisas Contábeis, Atuariais e Financeiras (Fipecafi). Diretora da Associação Brasileira de Direito Financeiro (ABDF), representante da IFA no Brasil. Vice-*chair* do Tax Committee da American Bar Association – Section of International Law. Membro fundadora da filial brasileira da Society of Trust and Estate Practitioners (STEP).

Carolina Cantarelle Ferraro

Bacharel em direito pela Universidade do Estado do Rio de Janeiro (Uerj). LL.M em direito tributário pela Fundação Getulio Vargas (FGV-Rio). Advogada associada do escritório Tauil & Chequer Advogados, associado a Mayer Brown LLP na área de consultivo e contencioso tributário desde 2012. Assistente de pesquisa do Programa de Educação Continuada da FGV DIREITO RIO.

Daniel Giotti de Paula

Doutorando em finanças públicas, tributação e desenvolvimento pela Universidade do Estado do Rio de Janeiro (Uerj). Procurador da Fazenda Nacional, professor convidado dos programas de pós-graduação *lato sensu* da Fundação Getulio

Vargas (FGV-Rio), da Universidade Federal de Juiz de Fora (UFJF), do Instituto de Direito Social da América Latina (IDS) e da Universidade Federal Fluminense (UFF).

Doris Canen

LL.M em tributação internacional pela Kings College London. Pós-graduada em direito tributário pela Fundação Getulio Vargas (FGV). Consultora sênior em tributação internacional na EY – correspondente do Brasil na IBFD (Amsterdã).

Eliana Pulcinelli

Mestre em direito público e doutoranda em direito pela Universidade Estácio de Sá (Unesa). Pós-graduada em direito administrativo. Professora de direito tributário (FGV Law Program).

Felipe Dutra

Mestre em direito tributário, especializado em planejamento tributário e reestruturações empresariais, com estudos realizados no Brasil e no exterior. Professor e palestrante de direito tributário em diversas instituições, entre as quais: Fundação Getulio Vargas (FGV), Instituto Brasileiro de Mercado de Capitais (Ibmec), Pontifícia Universidade Católica do Rio de Janeiro (PUC-Rio), Universidade Federal Fluminense (UFF), Universidade Candido Mendes (Ucam) e Trevisan. Advogado com mais de 10 anos de experiência em consultoria tributária. Atuou como consultor da Deloitte, sócio-coordenador do Departamento Tributário do Escritório BT Advogados e sócio-coordenador do Departamento Tributário da C3 Consultores.

Lauro de Oliveira Vianna

Mestre em economia empresarial pela Universidade Candido Mendes (Ucam), pós-graduado em direito tributário pela Fundação Getulio Vargas (FGV-Rio), bacharel em direito pela Pontifícia Universidade Católica do Rio de Janeiro (PUC-Rio) e em ciências contábeis pela Pontifícia Universidade Católica de Minas Gerais (PUC-Minas). Doutorando em ciência política e relações internacionais pelo Instituto Universitário de Pesquisas do Rio de Janeiro (Iuperj) e pós-graduando em *tax law* (University of London). É advogado, sócio de Lobo & Ibeas Advogados, com atuação preponderante em direito tributário (contencioso administrativo e judicial, consultoria, planejamento e auditoria) e contratual.

Linneu Albuquerque Mello

Graduado em 1990 pela Universidade do Estado do Rio de Janeiro (Uerj), pós-graduado em tributação internacional e comparada pela Faculdade de Direito da Universidade de Harvard (EUA). Mestre (2008) e doutor (2012) pela Faculdade de Direito da Universidade de Michigan (EUA). Professor universitário, palestrante e autor de diversos artigos jurídicos. Membro da Ordem dos Advogados do Brasil (OAB), seccionais Rio de Janeiro e São Paulo.

Ricardo Lodi Ribeiro

Doutor e mestre em direito tributário. Coordenador do Programa de Pós-Graduação em Direito da Universidade do Estado do Rio de Janeiro (Uerj), instituição na qual é professor adjunto de direito financeiro. Presidente da Sociedade Brasileira de Direito Tributário (SBDT). Advogado.

Vânia Maria Castro de Azevedo

Graduada em comunicação social, com habilitação em jornalismo, pelas Faculdades Integradas Hélio Alonso (Facha). Especialização em *publishing management: o negócio do livro*, pela Fundação Getulio Vargas (FGV). Atua no mercado editorial como copidesque e revisora de livros técnicos e científicos e, atualmente, como revisora do material didático dos cursos de extensão e especialização da FGV DIREITO RIO.

Impressão e acabamento:

Grupo **Smart Printer**
Soluções em impressão